红船领航，少年寻梦

——"红船精神"在小学传承的校本实践探索

沈建华　主编

南京大学出版社

图书在版编目(CIP)数据

红船领航，少年寻梦："红船精神"在小学传承的校本实践探索 / 沈建华主编. —南京：南京大学出版社，2021.6

ISBN 978-7-305-24697-5

Ⅰ. ①红… Ⅱ. ①沈… Ⅲ. ①爱国主义教育—教育研究—小学 Ⅳ. ①G621.4

中国版本图书馆 CIP 数据核字(2021)第 120858 号

出版发行　南京大学出版社
社　　　址　南京市汉口路 22 号　　邮 编 210093
出 版 人　金鑫荣

书　　　名　红船领航，少年寻梦——"红船精神"在小学传承的校本实践探索
主　　　编　沈建华
责任编辑　纪玉媛　　　　　编辑热线 0571－88191227

印　　　刷　杭州富阳美术印刷有限公司
开　　　本　787×1092　1/16　印 张 12.5　字 数 327 千
版　　　次　2021 年 6 月第 1 版　2021 年 6 月第 1 次印刷
ISBN 978-7-305-24697-5
定　　　价　48.00 元

网　　　址　http://www.njupco.com
官方微博　http://weibo.com/njupco
官方微信　njupress
销售咨询热线　0571－88256393　89908120

编委会

序

"一船红中国,万众跟党走。""红船精神"是中国共产党不断取得胜利的力量源泉。2005 年 6 月 21 日,时任浙江省委书记的习近平同志在《光明日报》发表文章《弘扬"红船精神"走在时代前列》,首次提出并阐释了"红船精神"。"红船精神"凝结着我们党的初心,体现着中国共产党人的价值追求,具有超越时空的恒久价值和旺盛生命力,是党的先进性之源和革命精神之源。

百年风华,"红船精神"昭示着永不褪色的精神丰碑。因此,"红船精神"入校园具有重要的时代意义和教育价值:青少年作为共产主义的接班人,肩负着重要的使命,不仅要学习各方面的知识和技能,也要树立正确的人生观和价值观。"红船精神"作为宝贵的精神财富,可以为青少年的成长掌舵导航,有助于落实立德树人的根本任务;"红船精神"中凝聚的"首创精神""奋斗精神""奉献精神"正是当下迫切需要的精神食粮,让青少年学习"红船精神",走进"红船文化",培养勇于创新、甘于奉献的新时代学子,这是对时代的响应;让"红船精神"驶入小学生课堂,让学生重温历史,铭记历史,践行革命传统,传承革命精神。因此,将"红船精神"赋予时代特色,融入现代教育育人的研究和实践之中,促进当代青少年坚定文化自信,践行社会主义核心价值观,非常有现实意义。

岁月史迭,弦歌不辍,红色基因始终薪火相传。杭州的这一所小学里,"红船精神"正成为学校爱国主义教育、生命教育和道德养成教育的出发点和落脚点,为红船育人、红船立德诠释了新的意义。

浙江师范大学附属丁蕙实验小学打造了一个实景与虚拟相结合的"智慧联动"红色体验空间——初心学院,为不忘传统、红色教育提供"沉浸式"体验,并以"红船精神"为核心,打造了以"首创、奋斗、奉献"为特色的"红船精神"校本实践。他们有设计,有定位;有基地,有课程;有活动,有评价;有理想,也有实践。

校本探索以来,他们始终聚焦小学生生命成长,专注道德品质修养,在以"红船精神"为核心的德育之路上不断前行,更是独树一帜,通过场馆

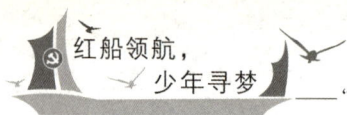

联动，构筑了虚拟与现实、线上线下融通的红船教育，推进"红船精神"与立德树人相融，红色文化与现代教育理念相融。一群老师，带着一群孩子，不忘本，探未来，在与"红船精神"的历史、现实与未来的对话中，将其融入血脉，化为基因，不断从"红船精神"中汲取智慧和力量。于是，"初心学院"在这里生根，"红船领航，少年寻梦"系列课程在这里结果。

而在"红船"上成长的师生们，他们勇于"首创"，既有"蕙大脑"，在智慧教育中游刃有余，在车模竞赛中飞驰童年；又有"蕙速度"，在运动会上顽强拼搏，获得了区一等奖，在绿茵场上驰骋，斩获了市一等奖；他们也敢于"奋斗"，教学科研齐并进，各项活动结硕果；他们更乐于"奉献"，我们总是能看到"红马甲"遇见"红袖章"，在街道上执勤，在博物馆担任解说，在小区里宣讲垃圾分类，在义卖中奉献爱心……

百年征程波澜壮阔，百年初心历久弥坚。这本《红船领航，少年寻梦——"红船精神"在小学传承的校本实践探索》让我深受触动，仿佛看到秀水泱泱，红船依旧，少年奋发，初心不变；仿佛听到时代洪流，大浪淘沙，少年寻梦，不负青春。就让"红船精神"在这里开始延绵、流淌，让信仰之帆启航，让红色基因镌刻，让理想信念坚定，让"红船精神"永放光芒吧！

浙江师范大学教师教育学院院长

2021 年 6 月

前　言

一条游船

劈开了南湖的波浪

十几个热血青年

在运筹一个红色的理想

那船原本不是红色的

船内燃烧的热情把它染红

就成了一个红色的会场

——《红船从南湖起航》

《新时代爱国主义教育实施纲要》中指出："新时代爱国主义教育要面向全体人民,聚焦青少年,要坚持从娃娃抓起。"小学教育阶段,美好的学校教育刚刚开始。爱国主义教育与小学生的生命成长、道德养成息息相关,青少年是共产主义的接班人,"红船精神"作为思想道德建设在精神上的指导,在引领青少年坚定文化自信中,承担着举足轻重的作用。小学在开展红色文化教育中融入"红船精神",对培育当代青少年坚定理想信念、践行社会主义核心价值观具有深远意义。

我校办学以来,倡导"三生"理念,以培养"思本源·致良知·应时需"的"蕙美"少年为具体目标,"追溯本源,不忘传统,艰苦奋斗"指向学生德育素养,并以此为核心支柱统领文化场域,奠定了学校红色文化的基石;学校在独创的"三维空间"重构过程中,打造区初心学院总院,致力于"红船精神"与爱国主义红色历史的传承;随着学校发展,搭建"少儿红色书坊",促进红色教育与课程、阅读等多维融合。

如何继续弘扬校园红色文化,将爱国主义精神与时代进行结合,发展基于"红船精神"的传承实践,培育具有民族精神与爱国主义情怀的孩子,是我们持续思考的问题。

浙江师范大学附属丁蕙实验小学进行"红船精神"的校本实践探索,以"红船精神"为核心,构建"首创、奋斗、奉献"三维交融的爱国主义教育

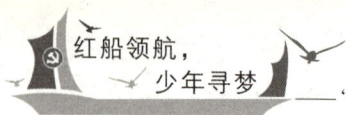

新系统，关心小学生生命成长与道德品质的培养，形成以"红船精神"为核心的德育品牌。

此校本实践活动独具亮点：与学校场馆相融合，使"红船精神"有根源；与校园文化相融合，使"红船精神"可视化；与学校课程相融合，使"红船精神"常态化；与学校品牌相结合，使"红船精神"品质化；通过智慧化的校园品牌搭建，以红船精神中的"首创""奋斗""奉献"为指引，以红船实地场馆为载体，通过不同教学模式的常规性德育课程、拓展性德育课程及实践性德育课程的实施与评价，使学生更好地传承与落实红色精神。

2021年是建党100周年，在这重要的历史节点，丁蕙实验小学将"红船精神"与时代进行结合，将其融入到社会主义核心价值观中，把"红船精神"融入培育方式和内容中，在培育中继承和发扬"红船精神"，赋予"红船精神"更强的生命力和时代意义。

红色的壮举，红色的精神，红色的梦想！100年前的红船，开天辟地的辉煌之举，让风雨飘摇的中国找寻到了太阳的方向；100年后，丁蕙实验小学愿以绵薄之力，立志传承，始终践行，将"红船精神"融入小学教育教学中，引导小学生积极认同并自觉践行社会主义核心价值观，以期跟随祖国的脚步，让我们的航程永远指向太阳的方向！

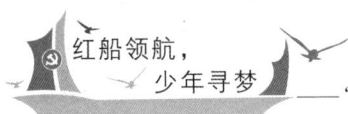

筑梦篇

目 录

寻梦篇

护梦篇

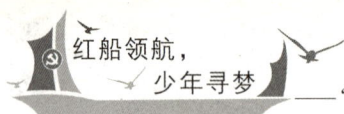

逐梦篇

圆梦篇

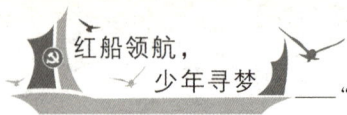

寻梦篇

"红船精神"的时代意义

习近平总书记在 2005 年提出:"开天辟地、敢为人先的首创精神,坚定理想、百折不挠的奋斗精神,立党为公、忠诚为民的奉献精神"是中国革命精神之源,也是"红船精神"的深刻内涵。① 2017 年 10 月 31 日,习近平总书记率中央政治局常委集体瞻仰上海中共一大会址、嘉兴南湖红船,并再次指出,要结合时代特点大力弘扬"红船精神",强调"要不忘初心,牢记使命,永远奋斗,保持中国共产党永远年轻"。②

新时代对于思想政治教育工作提出了新要求,坚持和弘扬以"红船精神"为代表的民族革命精神,不安于现状,有敢于突破前人的勇气和智慧,坚持用创新的理论成果武装广大青年学生的头脑,用创新的思想观念谋划广大青年学生的雄心壮志,③把立德树人和为社会主义现代化建设培养高质量人才作为学校当前最紧迫的任务,是每一个教育工作者应该认真思考的现实问题。因此,将"红船精神"贯穿于课程教学之中,引导小学生树立正确的人生观和价值观,是向小学生进行"红船精神"教育最根本的目的。

然而,纵观当前"红船精神"在小学阶段的传承现状,部分学校虽然致力于"红船精神"与校本实践结合,但大多停留于理论的层面,实效甚微。究其根本,在于没有深入挖掘"红船精神"的深刻内涵。基于此,本章节以"红船精神"的时代背景为起点,对当前"红船精神"的生成逻辑、内涵、传承现状、时代价值进行全面的剖析。

一、"红船精神"的历史溯源

(一)"红船精神"的思想内核

任何现存的事物和思想都有其本源,革命精神也一样有其思想源头和历史渊源。中国共产党的革命精神是对历史和时代的回应,是政党政治性

---

①习近平.弘扬"红船精神"走在时代前列[N].光明日报,2005-06-21.

②习近平在瞻仰中共一大会址时强调铭记党的奋斗历程时刻不忘初心担当党的使命矢志永远奋斗[N].人民日报,2017(001)

③王祖强.论"红船精神"与中华民族伟大复兴的内在联系[J].嘉兴学院学报,2013,25(04):17-21.

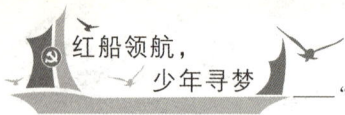

质的精神体现。尽管革命精神在不同时期表现为不同的形式,但在内涵上是继承的,在时间上是连续的,始终有着连贯的思想内核。"红船精神"作为中国共产党历史上形成最早的一种革命精神,具有开创性和奠基性,是中国革命精神的源头,是中国革命精神谱系的原典。①

一方面,"红船精神"是中国共产党革命精神的历史起点。革命精神,在发展历程上是连续的,共同的起点就是"红船精神"。② 中国共产党革命精神形成和实践的主体是中国共产党,"红船精神"正是中国共产党人在革命实践的最初阶段,把握社会发展规律,适应时代变化而产生的精神成果,是革命精神生成和演进的起点。

另一方面,"红船精神"是中国共产党革命精神的逻辑起点。③ 革命精神的本质是革命政党思想文化的集中体现,蕴含着执政党的政治观、政绩观、革命观和群众观,是在革命实践历程中孕育形成的价值观。中国革命精神的指导思想、文化导向和价值追求有着共同的逻辑起点,在内涵上同质同源,在价值导向上相承相融。"红船精神"确立了中国革命精神的红色基调,成为中国革命精神的逻辑导向,奠定了中国革命精神的逻辑基础。

(二)"红船精神"的理论渊源

"红船精神"有丰富的理论渊源和实践基础。从理论来源来看,"红船精神"与中国传统文化理念具有很强的相关性,其内涵逻辑都有相似之处。④ 从实践本质来看,"红船精神"中蕴含的思维方式和工作作风是马克思主义与中国国情深度结合形成的执政经验。

一方面,"红船精神"是马克思主义与中国传统文化理念相结合的开端。中国共产党自成立之日起,就致力于在实践中继承和弘扬中国优秀传统文化,并在此基础上将马克思列宁主义与中国优秀传统文化相结合,以此领导中国人民进行革命、建设、改革。中华优秀传统文化是"红船精神"所包含的创新精神、奋斗精神、奉献精神形成的重要依托。"苟日新,日日新""穷则变,变则通,通则久"等思想所蕴含的创新思维是"红船精神"开天辟地、敢为人先的首创精神的文化渊源。"天行健,君子以自强不息""鞠躬尽瘁,死而

---

①栾雅璐."红船精神":中国革命历程与马克思主义中国化历史进程中的精神原典[J].领导科学论坛,2019(09):12—16.

②栾雅璐."红船精神":中国革命历程与马克思主义中国化历史进程中的精神原典[J].领导科学论坛,2019(09):12—16.

③栾雅璐."红船精神":中国革命历程与马克思主义中国化历史进程中的精神原典[J].领导科学论坛,2019(09):12—16.

④栾雅璐."红船精神":中国革命历程与马克思主义中国化历史进程中的精神原典[J].领导科学论坛,2019(09):12—16.

后已"等文化所折射的奋斗精神是"红船精神"坚定理想、百折不挠的奋斗精神的文化源头。"安得广厦千万间，大庇天下寒士俱欢颜""民贵君轻"的为民思想是"红船精神"立党为公、执政为民的奉献精神的文化溯源。①

另一方面，"红船精神"是马克思主义与中国革命实践相结合的开端。习近平总书记在庆祝中国共产党成立95周年大会上指出："五四运动之后，在中华民族内忧外患、社会危机空前深重的背景下，在马克思列宁主义同中国工人运动相结合的进程中，中国共产党诞生了。"②回首建党早期，共产党人对建党的探索之路也就是铸就"红船精神"的实践之路。为了建立革命政党，中国共产党的先驱者们深入了解工人的生活以及工作状况，创办各种刊物，宣传马克思主义，上海和北京的共产党小组相继成立。可以说，"红船精神"从一开始就是马克思主义中国化的精神写照，是中国早期的无产阶级革命家将马克思主义运用于中国实际的精神写照，是对中国建党实践中精神的凝练和升华。③

（三）"红船精神"的科学内涵

2005年6月21日，时任中共浙江省委书记习近平在《光明日报》发表署名文章《弘扬"红船精神"走在时代前列》，首次公开提出"红船精神"的概念，对"红船精神"的内涵进行概述，并表示"红船精神"是中国革命精神之源。④

"红船精神"包括"开天辟地、敢为人先的首创精神，坚定理想、百折不挠的奋斗精神，立党为公、忠诚为民的奉献精神"。⑤ 在"红船精神"的体系中，首创精神是灵魂，是动力之源；奋斗精神是支柱，是胜利之本；奉献精神是本质，是政德之基。这三个基本内涵之间有着递进的内在关系，是一个互相联系的整体，是一个统一的思想体系，对党的性质、宗旨和使命做出了全面完整的概括。⑥ 这三种精神处在一个共同体之中，不能把它们孤立地看待，但三者之间又有不同的地位和作用，三者之间互相联系，相互区别。

习近平总书记将"首创精神"置于三个深刻内涵的首位，这是因为马克思主义的生命力就在于创造力，我们党就是在不断创造历史的过程中，完成了马克思主义的中国化、时代化、大众化。⑦ "开天辟地、敢为人先的首创精

①王祖强.论"红船精神"与中华民族伟大复兴的内在联系[J].嘉兴学院学报,2013,25(04):17—21.
②习近平.在庆祝中国共产党成立95周年大会上的讲话[N].人民日报,2016—07—02(002).
③栾雅璐."红船精神":中国革命历程与马克思主义中国化历史进程中的精神原典[J].领导科学论坛,2019(09):12—16.
④习近平.弘扬"红船精神"走在时代前列[N].光明日报,2005—06—21(A3).
⑤习近平.弘扬"红船精神"走在时代前列[N].光明日报,2005—06—21(A3).
⑥李黎霞."红船精神"研究[D].杭州:浙江农林大学,2014.
⑦白龙.以首创精神走好新征程——让"红船精神"绽放时代光芒[N].人民日报,2017—12—06(005).

神"实质上是一种创新精神。这种精神是对中华民族优秀文化中创新精神的继承，贯穿于党领导中国人民进行革命、建设和改革的整个过程。这种精神也必将引领党带领中国人民走向更加辉煌的未来，早日实现中华民族的伟大复兴！①

习近平指出，"党屡受考验而不变初衷，靠的就是坚定的理想信念和百折不挠的革命精神"。② 奋斗精神实质上是为实现理想而百折不挠、勇于实践、实事求是的精神。党的奋斗史就是一部创新发展的历史。中国共产党始终紧随时代的脚步，坚持理论创新、制度创新、实践创新、发展创新。"奋斗精神"就要求中国共产党更加需要坚定理想，以百折不挠的勇气带领中国人民为实现伟大中国梦驰而不息地奋斗。

"中国共产党从诞生那天起，就以全心全意为人民谋福利为根本宗旨。依水行舟，忠诚为民，成为贯穿中国革命和建设全过程的一条红线，也是'红船精神'的本质所在。"③ "奉献精神"可以解释为崇高的人文精神、不畏牺牲的精神与为民服务的精神。

党的十八大以来，习近平总书记多次强调"以人民为中心"，这是"奉献精神"的时代体现。2019年，习近平总书记在回答意大利众议长菲科提问时讲到"我将无我，不负人民"。④ 2020年，习近平总书记指出，"中国共产党把为民办事、为民造福作为最重要的政绩，把为老百姓做了多少好事作为检验政绩的重要标准"。⑤ 同年"两会"，习近平总书记多次提到"人民至上"，习近平总书记以人民为中心理念的系列重要论述是中国共产党人在新时代对"奉献精神"的深刻诠释，彰显了人民是中国共产党永恒的底色。

二、"红船精神"传承的现实要求

"红船精神"流淌着华夏精神文明的命脉，传承着中国精神的优良基因，吸收了马克思主义真理内核，为新时代建设中国特色社会主义伟大事业提供了精神动力。"红船精神"作为党的建党精神，作为中国革命精神的源头，可以说为中国共产党找到了为什么出发的心灵本源。习近平同志十分重视"红船精神"，多次去嘉兴南湖瞻仰红船。他在庆祝新中国成立七十周年大会讲话中指出："中国的昨天已经写在人类史册上，中国的今天正在亿万人

---

①韩晓青.开天辟地、敢为人先的首创精神[N].光明日报,2018-05-07.
②习近平.弘扬"红船精神"走在时代前列[N].光明日报,2005-6-21.
③习近平.弘扬"红船精神"走在时代前列[N].光明日报,2005-6-21.
④朱永华.读懂"我将无我,不负人民"背后的境界[N].湖南日报,2019-03-25(3).
⑤习近平.全面建成小康社会,乘胜而上书写新时代中国特色社会主义新篇章[N].人民日报,2020-05-13(1).

民手中创造,中国的明天必将更加美好。"①伟大梦想需要伟大精神,为了人民的美好生活更需要在新时代发扬"红船精神"。目前,对于"红船精神"的传承与价值研究已取得了一定的成绩,但我们也需要正视其中存在的不足,中国特色社会主义进入新时代,面临着诸多风险和考验,更需要从"红船精神"中挖掘前行的不竭动力,使其在新时代绽放耀眼的光芒。

(一)"红船精神"的现实成效

经过不断探索,"红船精神"研究与传承取得了显著进展,取得了一定成绩。特别是在高等教育阶段,对于"红船精神"的解读以及"红船精神"进课堂都取得了新进展、新突破。

1. 形成红色教育品牌

"红船精神"作为一种精神文化,对于实现中华民族伟大复兴的中国梦具有强大的道德感召力,"红船精神"已经成为具有代表性的红色教育品牌,其中蕴含着的正确价值观,引导着新时代人民为中华民族伟大复兴的中国梦努力奋斗。当今社会上,大多数奋斗着的有志人士,正充分地挖掘、运用"红船精神"所蕴含的强大道德力量,将其注入伟大的时代实践中,引导社会主义事业建设者和接班人提高思想道德修养,助力实现中华民族伟大复兴的中国梦。也正是在这种以"爱国主义"为核心的"红船精神"激励下,我们党团结带领英勇的中华儿女乘风破浪,夺取了革命、建设、改革的重大胜利。

"红船精神"闪耀着时代光芒,形成了红色教育品牌!2020年新冠肺炎疫情在武汉迅速蔓延,中华儿女团结一心共同抗疫,展现出强大的中国力量、深沉的中国精神、疾速的中国效率。这种在疫情期间展现出来的抗疫精神是"红船精神"的当代表达,生动诠释了"红船精神"的时代内涵。"红船精神"作为中国精神不可或缺的一部分,对弘扬与激发民族精神、时代精神有重要作用。

2. 占据德育重要位置

"红船精神"是红色文化的重要组成部分,蕴含着丰富的理想人格培育价值。开天辟地、敢为人先的首创精神,有助于激励学生解放思想、开拓进取、坚定理想、百折不挠的奋斗精神,可以引领学生坚定理想信念,矢志奋斗、立党为公、忠诚为民的奉献精神,有助于学生践行奉献精神,传承奉献传统。

在当代学校教育的思想政治教育中,特别是在高中生与大学生的思政课上,"红船精神"得到了传承与弘扬。走在时代前列的"红船精神"激励了当代

---

① 勇立潮头御风行——以习近平同志为核心的党中央二〇一九年治国理政评述[N]. 人民日报,2020-01-02(6).

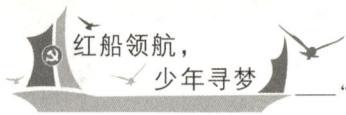

学生武装自身，以首创精神、奋斗精神和奉献精神塑造自我，以党的初心和使命鞭策自己，把自己培育成为肩负民族复兴大任的时代新人。"红船精神"融入高校思想政治教育，回应了新时代树新人、化新人、育新人的召唤，响应了习近平总书记提倡结合时代特点弘扬"红船精神"这一新时代要求。

"红船"映初心，初心铸使命。高校是传承和弘扬中华优秀传统文化、革命文化、社会主义先进文化的重要阵地，"红船精神"在高校思想政治教育中有着重要的位置，以培育担当民族复兴大任的时代新人为己任，进而为实现中华民族伟大复兴提供源源不断的新时代人才。以"红船精神"发源地高校嘉兴学院为例：从2004年起，每年9月嘉兴学院大一新生，始业教育的第一课就是参观南湖革命纪念馆，学习"红船精神"。每年新党员的入党宣誓词就选在了南湖革命纪念馆广场，先后共八千多名新进党员学子在南湖红船边开启人生新的旅程。学校之所以坚持这样做，就是想充分利用"红船文化"，把"红船精神"贯穿于大学生思想政治教育之中，努力使每个学生感受到"红船精神"的洗礼。几年来，学校将"红船精神"教育融入学生教育的全过程，努力探索"红船精神"教育的有效途径，增强了思政教育的实效性。

3. 坚定中国特色社会主义文化自信

随着中国特色社会主义的发展及社会要求的变化，"红船精神"有了更多的内容和意义，"红船精神"也在当代中国愈加焕发出强大的生机与活力，愈加展现出新的时代魅力。

"红船精神"把马克思主义科学理论作为实现中国梦的指导思想、把坚持中国共产党的领导作为实现中国梦的基础、把中国梦的实现建立在自主探索中国道路的起点上，坚定中国特色社会主义文化自信。"红船精神"作为我们党在建党初期形成的伟大革命精神，随着时代的发展和社会的进步，其内容在新的时代背景下实现了更多的发展。当前时期，是实现"两个百年"目标的关键阶段，将"红船精神"与当代中国实际结合起来，可以从"红船精神"中寻找到前进的不竭动力。习近平总书记强调"全党要奋力走好新时代的长征路"，[1]这同"红船精神"的内涵如出一辙，都鲜明地指出了中国共产党在带领中国人民实现中华民族伟大复兴的中国梦的进程中应不忘初心、坚定理想信念。

以"红船精神"为代表的革命文化是中华优秀传统文化和社会主义先进文化得以延续和发展的必不可少的纽带，促进了中华优秀传统文化发展、加强中华优秀传统文化与时代融合。新时代继承和弘扬"红船精神"对于增强文化自信有着无可替代的作用，也确确实实坚定了中国特色社会主义文化自信。

---

① 如何理解奋力走好新时代的长征路？[J].共产党员，2017(22)：57—58.

"红船精神"是对中华优秀传统文化的继承和发展。中华优秀传统文化是"红船精神"所包含的创新精神、奋斗精神、奉献精神形成的重要依托,"红船精神"的持久生命力和旺盛发展力蕴含着文化自信。随着时代的更迭与发展,"红船精神"同其他革命精神共同筑造了强大的中国精神体系,并指引中国共产党不断前进。在中国共产党带领中国人民建设社会主义伟大事业的道路上,"红船精神"彰显出了无可替代的价值。"红船精神"有助于中华民族伟大复兴的中国梦的实现,有助于进一步丰富和发展中国精神,增强文化自信。

(二)"红船精神"传承的努力方向

传承"红船精神",有助于巩固学生的社会主义意识形态,落实立德树人根本任务。学校应始终把学生的思想政治教育放在重要的位置,努力做到不仅传播知识,更注重美德传授,让社会主义核心价值观的种子在学生们心中生根发芽,努力培养担当民族复兴大任的时代新人,培养德智体美劳全面发展的社会主义建设者和接班人,这是一项长期性、系统性、复杂性的任务。然而,目前"红船精神"进小学的实践较少,对于"红船精神"的实践探究多半在高校,对于"红船精神"在中小学的育人价值挖掘尚且不足。

1. 加强传承内容与中小学发展需求黏合力

"红船精神"在高校的思想政治教育中,呈现出了较好的教育效果,也创新了多种教育模式。但是这种经验无法在中小学得以直接应用,"红船精神"如何与中小学思想政治教育有效结合,是中小学德育工作者需要认真思考的一个问题。

学校教育教学活动既是培育学校精神文化的重要载体,又是传播学校精神文化的途径。对于"红船精神"进入中小学校园,理论的讲授式教学并不适合,小学生需要直接的感官体验,这就需要中小学校德育工作者充分考虑"红船精神"的教育目的、教育内容以及教育方法和评价方式。

比如,在中小学生中进行红色教育可以因地制宜,邀请当地部队干部、党史工作者等,特别是健在的老红军、老党员、老文艺工作者到学校开展"红船精神"讲学、报告,讲述中共一大在南湖红船召开、地方革命英雄志士事迹和亲身革命经历,宣讲国难史、国耻史、革命斗争史、革命优良传统和人民军队的建军史等。学校可以充分利用好南湖这一宝贵"红色文化"资源的优势,在重要革命节日邀请市、区党史办和南湖革命纪念馆等单位、部门到学校进行党史资料展览,邀请当地电影公司到学校进行经典"红色"革命影片展播,敞开校门将"红船精神"引入校园。

因此,"红船精神"的传承应将思政小课堂与社会大课堂、理论教学与实践教学结合起来,引导学生走出校门,接触社会,了解国情;在实践锻炼中积累智慧,在社会熔炉中锻造品格,在搏击风浪中增长才干;做到学以致用,用

以促学,实现知、情、意、行有机统一,培养担当民族复兴大任的时代新人,培养德智体美劳全面发展的社会主义建设者和接班人。

在小学中,深挖"红船精神"育人价值,开展适合小学生年龄特点与性格特征的课程,把"红船精神"融入小学教育中,不断探索红色教育在小学教育中的教学方法和途径,使"红船精神"真正成为树立和强化小学生人生价值观的活教材。丰富和发展思想政治教育的内容,进一步增强小学课堂教学的实效性,是我们下一步的重要课题。

2. 推进传承队伍的理论创新进程

教师是课堂教学的主导者。在"红船精神"育人的课程中,教师自身修养也起着关键性作用。因此,教师对于以"红船精神"为代表的红色文化了解认识不到位,对于传承"红船精神"也有很大的障碍。红色文化由于其独特的性质,还需要教师具备对红色文化及其历史形成的广博认识和了解,这样才能充分发挥红色文化资源的教育价值。通过调查,笔者发现教师对红色文化的了解较为浅显,一些教师在谈到红色文化融入校园课程时,坦言自己"了解并不是很多"或"一知半解"。教师自身对红色文化了解浅显,导致其在确立课程目标、选择课程内容以及实施途径时都存在一定问题,以致有的教师不敢教,不知道如何去教,这在一定程度上影响了红色文化融入中小学校园课程。

3. 提升传承路径的教育实效

目前,在社会、学校、家庭三者中,学校是开展红色教育的主要阵地。在学校内部开展的以"红船精神"渗透为目的的德育活动中,会存在实践活动不具有持续性的特点,这样实际上难以收到实效;而在课堂教学中,对于"红船精神"的解读又往往理论色彩过浓,强调知识的灌输,使得受教育者处于被动接受地位,进而容易对教育者及教育内容产生抵触情绪,又因内容缺乏趣味性和吸引力,使教育收效甚微。在社会、家庭中,开展的为数不多的以"红船精神"为主的活动,如到革命圣地旅游、参加升旗仪式,社会团体组织红色旅游活动等,大都是自发无序的,缺乏必要的指导及规范。如何使"红船精神"育人在学校、家庭、社会中形成有机组合、发挥系统作用,就显得很有必要。因此,发掘"红船精神"、提高其可接受性、加强其实践性,使"红船精神"具有增强教育效果的持续性、增强课堂教学趣味性及吸引力,对协调规范社会、家庭红色教育等方面具有重要意义。

三、"红船精神"的育人价值

"一船红中国,万众跟党走"。"红船精神"是中国共产党不断夺取新胜

利的强大力量。将"红船精神"融入学校教育教学中,对引导学生积极认同并自觉践行社会主义核心价值观,具有重要的时代价值和意义。

(一)传承"红船精神"是爱国主义教育的重要组成部分

"爱国主义是中华民族的民族心、民族魂,是中华民族最宝贵的精神财富,是中国人民和中华民族维护民族独立和民族尊严的强大精神动力。"[①]2019 年 11 月,中共中央国务院印发《新时代爱国主义实施纲要》,这对于全体人民弘扬伟大的爱国主义精神,为实现中华民族伟大复兴的中国梦而不懈奋斗,无疑具有重要的现实意义和深远的历史意义。党的十八大以来,以习近平同志为核心的党中央高度重视爱国主义教育,特别强调新时代爱国主义教育要聚焦青少年。开展爱国主义教育,对于提振民族精神、凝聚民族力量,激发全体人民爱国、爱党、爱社会主义的热情,实现全面小康社会奋斗目标,引领全体中华儿女特别是新时代中国青年积极投身于中华民族伟大复兴的中国梦,厚植我们的爱国主义情怀,具有重要的意义和作用。

1."红船精神"丰富了爱国主义教育的内容

习近平总书记在主持中共中央政治局第二十九次集体学习时强调:"要不断丰富教育内容、创新教育载体、增强教育效果,在广大青少年中开展深入、持久、生动的爱国主义宣传教育,让爱国主义精神在广大青少年心中牢牢扎根……"[②]由此可见,突破传统,改革创新,不断充实爱国主义教育的内容,是时代发展的要求。作为中国革命精神之源的"红船精神",形式多样、内容丰富,生动而鲜活,是开展爱国主义教育的首选素材,以"红船精神"的历史遗存为载体,宣传相关人物事迹,整合挖掘开展爱国主义教育的案例素材,能够引导学生重温革命奋斗历史,继承革命先烈的优秀革命传统,赓续红色血脉,坚定崇高的理想信念,立足实际,确立远大志向,在社会前进的浪潮中实现个人价值。

2."红船精神"创新了爱国主义教育的形式

"红船精神"根植于中国共产党人的革命实践,描述了中国共产党领导人民的拼搏史、奋进史、革命人物事迹、战争遗址,将"红船精神"与爱国主义教育相融合,在丰富教育内容的同时,还创新了教育的方式方法。一方面,"红船精神"的时代特征明显,地域特色鲜明,借助"红船精神"对于学生进行教育,可以将爱国观落实到具体的事例上,贴近学生生活实际。用周围爱国先辈的英勇事迹,教育学生如何成为一个爱国之人,认同和践行爱国观。另一方面承载"红船精神"的载体形态多样,比如,遗址遗迹、博物馆、纪念馆

---

①"中共中央国务院印发新时代爱国主义教育实施纲要"[N].人民日报,2019-11-13(6).
②习近平.大力弘扬伟大爱国主义精神为实现中国梦提供精神支柱[N].人民日报,2015-12-31(1).

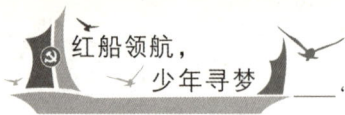

等,这些真实的革命历史,这些现存的物质遗存,通过现代科技的展现方式,重现当时的历史场景,让学生宛若置身其中,领悟革命先辈为了国家和人民而英勇献身的伟大精神,创新学生爱国主义教育的方式。

3."红船精神"提升了爱国主义教育的效果

"红船精神"的表现形式多种多样,内涵极其丰富,为爱国主义教育效果的提升创造契机。一方面,"红船精神"的多样表现形式提升教育效果。"红船精神"的形式多样、形象直观,既有图片、书籍,又有爱国主义教育基地等,这些教育形式不仅为学生爱国主义教育呈现了鲜活的素材,而且还提供了真实的体验场地。学校可以借助与"红船精神"有关的书籍、歌曲、影视剧等开展理论教学,使学生形成正确的爱国认知,并通过参与革命老区的社会实践,将认知转化为行为。另一方面,"红船精神"蕴含的共产主义理想信念提升了教育效果。当今时代,学生在多种社会思潮相互激荡的影响下,理想信念缺失,社会责任感下降,"红船精神"蕴含的共产主义坚定的理想信念,激励党和人民在革命的重重磨难中破土而出,运用"红船精神"中的理想信念开展学生爱国主义教育,有利于引导学生坚定爱国信仰。

《新时代爱国主义教育实施纲要》中指出:"要继承革命传统,弘扬革命精神,传承红色基因,结合新的时代特点赋予新的内涵,使之转化为激励人民群众进行伟大斗争的强大动力。"①"红船精神"源于中国共产党伟大的革命实践,是中国革命事业的宝贵遗产和文化传承,蕴含为国家独立、民族解放、人民幸福勇于牺牲、甘于奉献的革命精神,包含爱国主义的丰富内容。"红船精神"与其他革命精神一脉相承,建构了一个个代表敢为人先、不怕牺牲、革命必胜、艰苦奋斗的精神坐标,在新时代背景下显得更为璀璨耀眼、震撼人心。充满红色基因的"红船精神"已经融入中华民族的血脉,成为凝聚人心、汇聚力量、鼓舞国人的强大精神动力。继承和弘扬"红船精神",能让广大青少年深刻认识到中国共产党的革命成果来之不易、中国特色社会主义来之不易,从而为培育青少年爱国之情、强国之志、报国之行提供精神动力。

(二)传承"红船精神"是社会主义核心价值体系的重要体现

党的十六届六中全会上通过的《中共中央关于构建社会主义和谐社会若干重大问题的决定》明确指出了"建设社会主义核心价值体系"这一科学命题。它包括四个方面的基本内容:马克思主义指导思想、中国特色社会主义共同理想、以爱国主义为核心的民族精神和以改革创新为核心的时代精神、以"八荣八耻"为主要内容的社会主义荣辱观。这一重大课题的提出对推进马克思主

---

① "中共中央国务院印发新时代爱国主义教育实施纲要"[N].人民日报,2019-11-13(6).

义中国化的进程、实现中华民族伟大复兴、促进社会主义和谐社会的建设具有十分重要的战略意义。党的十七大报告也重点强调:"社会主义核心价值体系是社会主义意识形态的本质体现。"胡锦涛同志在党的十八大报告中指出:"要深入开展社会主义核心价值体系学习教育""倡导富强、民主、文明、和谐,倡导自由、平等、公正、法治,倡导爱国、敬业、诚信、友善,积极培育和践行社会主义核心价值观"。① 虽然"红船精神"与社会主义核心价值体系所产生的时代和历史背景相差甚远,但两者都是指导中国革命、建设和改革事业取得成功的精神来源和思想保障,关联十分密切。

1."红船精神"与社会主义核心价值体系内涵契合

"红船精神"与社会主义核心价值体系在内涵上高度契合。两者具有共同的指导思想,即"马克思主义指导思想"。马克思主义不仅是"红船精神"和社会主义核心价值体系的指导思想,同时也是它们的理论基础和思想根源。这是因为,马克思主义是经过中国革命、建设和改革实践检验的具有先进性、科学性、革命性特征的科学理论体系,是关于人类社会发展规律的总结,是改造人们思想和社会发展的科学的世界观和方法论。"红船精神"和社会主义核心价值体系的形成都是马克思主义中国化实践的产物。马克思主义这一指导思想是我国的主流意识形态,它是"红船精神"的灵魂,同时也是社会主义核心价值体系的灵魂,代表着中国先进文化的前进方向。它规定和指导了中国社会的性质和中国共产党的发展方向,在与中国革命和建设的实际情况相结合过程中,开辟了马克思主义中国化之路,形成了毛泽东思想和中国特色社会主义理论体系。

2."红船精神"与社会主义核心价值体系价值理想统一

"红船精神"与社会主义核心价值体系具有统一的价值理想。中国特色社会主义共同理想是社会主义核心价值体系的主题,现阶段的共同理想就是中国共产党带领全国各族人民通过中国特色社会主义道路而最终实现中华民族的伟大复兴。中国共产党在成立之初就把实现共产主义作为一种远大理想和奋斗目标,"红船精神"不断地鼓舞着中国共产党和广大人民为此进行艰苦卓绝的奋斗,先后实现了从新民主主义革命到社会主义革命和建设的历史性转变;在改革开放和现代化建设时期,完成了从高度集中的计划经济体制到社会主义市场经济体制的历史性转变;现如今,开创了中国特色社会主义现代化的独特道路,引领我们全面建设小康社会。

---

①胡锦涛.坚定不移沿着中国特色社会主义道路前进为全面建成小康社会而奋斗[R].北京:人民出版社,2012:31—32.

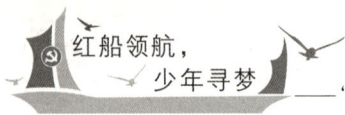

3."红船精神"与社会主义核心价值体系精神一致

"红船精神"与社会主义核心价值体系具有一致的精神风貌。"红船精神"集中体现了坚定理想、百折不挠的革命风貌。"红船精神"是把共产主义这一崇高的理想信念和爱国主义精神相结合,产生了积极进取、不怕牺牲的强大的精神动力,使中国共产党战胜了一切困难,取得革命胜利。以爱国主义为核心的民族精神不仅是我们党过去革命取得胜利的法宝,还是现在进行社会主义现代化建设的法宝,更将是我们党带领全国各族人民实现中华民族的伟大复兴的胜利法宝。这说明,建设社会主义核心价值体系,必须坚持以爱国主义为核心的民族精神和以改革创新为核心的时代精神。只有坚持这一精髓,才能保持党的先进性。

(三)传承"红船精神"是落实立德树人的有效路径

《国家中长期教育改革和发展规划纲要(2010－2020年)》指出:"要坚持德育为先,立德树人,把社会主义核心价值体系融入国民教育全过程,把德育工作放在'民族复兴、国运兴衰、优先发展'的重要位置"。[①]"红船精神"的丰富内涵,是中国共产党最内在的文化标签和最核心的价值要求,为党在新时代的创新建设和发展提供了强大的思想动力,同样也对培养青年学生正确的人生观和价值观,成为合格的社会主义建设者和接班人具有特别重要意义。因此,"红船精神"对于新时期落实立德树人具有重要的作用。

1."首创精神"为立德树人提供丰富的思想营养

"红船精神"谱系里的开天辟地、敢为人先的首创精神,鲜明地彰显了中国共产党在任何时候都能正确地认识、坚持和发展马克思主义的立场,昭示了中国共产党无论遇到什么困难和问题,都能够做到实事求是,一切从实际出发,敢为人先,善闯新路,勇于奋进。"红船精神"这一内涵,为当前做好立德树人工作提供了丰富的思想营养。当下德育工作面临多元文化价值冲突和商品经济发展过程中伴随的个人主义、拜金主义、享乐主义、自由主义和信息时代不良网络文化的冲击,因而要从战略高度上重视立德树人工作,把对学生的思想道德教育放在一个重要位置,强化建设一支德育教育师资队伍,精心构筑一个德育教育系统,开展形式多样的德育群体活动,从方方面面重视对学生的德育考核,纠正学生错误的道德取向。在构筑德育教育系统时,充分吸纳"红船精神"的丰富内涵和价值营养,敢于摸索立德树人工作新方法,善于开拓立德树人工作新领地,遇到新情况和新问题绝不可退缩,

---

①《中共中央国务院关于深化教育改革全面推进素质教育的决定》[N].中共中央办公厅,中发[1999]9号,1999,6.

遇到新难题和新矛盾不打退堂鼓,将立德树人教育进行到底。

2."奋斗精神"为立德树人提供强大的精神支撑

自中国共产党成立以来,"红船精神"蕴含的坚定理想、百折不挠的奋斗精神,就成为中国革命、建设、改革过程中劈波斩浪、所向披靡的精神法宝。正是依靠这样的奋斗精神,中国共产党带领全国各族人民推翻了三座大山、建立了新中国、确立了社会主义制度、实行了改革开放,把中国特色社会主义事业推向新时代。可以说,"红船精神"蕴含的奋斗精神是中国共产党强大精神支柱,一代代中国共产党人以无比坚定的信念、无畏的英雄气概,守护着崇高的革命理想,书写着属于中国共产党人可歌可泣的奋斗历史,为中国人民和世界人民树立了誓死捍卫理想信念、百折不挠的奋斗者形象。回顾党的历史会发现,中国共产党从小到大、从弱到强的发展历程,正是共产党人为共同理想信念奋斗的过程。当代青年的成长环境愈发远离了革命年代,耳濡目染革命文化的机会随之减少,他们很难想象当年革命先辈对理想的忠贞、对革命的忠诚、为革命坚贞不渝的奋斗精神。因此,我们要在青年思想政治教育中,大力弘扬"红船精神",教育他们脚踏实地、不忘初心、顺应时代、把握大势,把个人梦有机融入中华民族伟大复兴的中国梦之中,立足实际、主动作为,架起理想与现实之间奋斗的桥梁,让"红船精神"在新时代中国特色社会主义新征程中,彰显强大推动力量。

3."奉献精神"为立德树人提供坚实的道德力量

"立党为公、忠诚为民"的奉献精神为全党提供了强大的道德力量。在党的事业发展中,一代又一代共产党人以前无古人的奉献精神和忠诚为民的担当精神,推动着党和国家事业取得前所未有的历史成就,在革命、建设和改革中践行着立党为公、忠诚为民的奉献精神。面对世界多极化、经济全球化、社会信息化、文化多样化的环境,青年的个人价值选择呈现多元化趋势,尤其在"无处不网"的现实环境中,他们容易被个人主义、拜金主义等西方价值观所影响,部分学生形成了利己主义价值取向,为此,要在思想政治教育教学中,将共产党人的奉献精神融入育人实践,用革命、建设和改革各个时期涌现出来的模范共产党员的事迹感染广大青年,用无数共产党员舍生取义的精神鼓舞广大青年,用共产党员大公无私的做人准则规范广大青年,以共产党人的奉献精神厚植中华民族伟大复兴底色。同时,要从"红船精神"中汲取为社会负责、忠诚为民的奉献元素,引导青年积极主动地向优秀共产党员学习,不断提升自己的思想道德素质,树立全心全意为人民服务的高尚道德情操,在平凡的岗位上,用实际行动书写为社会发展奉献的人生篇章,成为有国家情怀、乐于奉献的时代新人。

筑梦篇

课程育人："红船精神"课程的顶层设计

一、学校概况

(一)基本情况

丁蕙实验小学是浙江师范大学进驻杭州主城区、参与全面规划的第一所附属小学,是院校合作的教育共同体的新标杆,同时也是一所正在兴起的智慧化学校。丁蕙实验小学创校之时就确立了"三生教育(生命、生态、生长)"的办学理念,其具体内涵包括:以生命为基础,以生长为目标,以生态为支撑。"生命"是教育的基础,意图让教育回到原点,重申教育的本质,让教育首先聚焦于孩子的生命体,直面生命,满足生命的需要,完善生命的发展,让每一个生命得到尽情的释放,也让每一个生命得到内在的升华;"生长"教育是目标,在自然生长理念统领下,让学生在自然成长的阶梯上走得踏实,走得稳健,走得长远,让教育循序渐进,顺势而为;"生态"教育是支撑,开发学生生态化、生活化的多元思维角度,引导学生学会珍爱自然、珍惜生活、珍爱生命。

丁蕙实验小学深度挖掘传统地域文化,并将其转化为有用的教育资源,充分打造社区学堂,形成富有特色的"社区场"。丁兰孝道馆里有着悠悠上千年的孝道文化,学校将宝贵的资源注入校园文化,设置孝义体验区,定期进行孝廉宣传,以此弘扬学生的奉献品质,促进学生乐于贡献的精神;在围墙之外的皋亭山下,我们开辟了一块 25 亩生态园,通过亲子耕种、培育等劳动体验,让学生、家长和教师亲近山林,保护环境,培养学生们的奋斗精神,激发学生勇于担当的意识;丁兰街道班荆馆与学校咫尺之隔,现在,我们将班荆馆转化为学校的资源,让孩子们徜徉在 5000 年的悠悠文化长河中;通过积极联系社区服务中心,丁蕙实验小学结合区域内的"红十字会""孝文化馆"等资源,由无边界的教师团队推动区域联动的无边界教育,将地域的孝义传达给每一位师生,使孝滋于心,善践于行,进而砥砺学生的德行,培养其奉献精神,并冶炼出具有浓厚地域特色的校园文化。

（二）发展轨迹

自 2014 年办学以来，丁蕙实验小学始终受到社会各界的大量关注，仅 2016 年就有省内外 40 多家媒体报道学校各类情况。丁蕙实验小学还与中国科学院、中国教育学会保持良好的合作关系，与中国海洋学会、浙江省艺术教育协会、中国杭州青少年低碳科技馆、杭州市科学技术发展研究会、区科技局结为共建单位，与包括香港、台湾地区在内的 10 余所国内知名小学结为姊妹学校。

丁蕙实验小学于建校之初就开始着力打造"智慧学校"，在学校"三生教育"办学理念的指导下，经过半年的努力，已经利用计算机、互联网将学校、学生、家长和老师集结在一个云平台上，并通过开放课堂、可视空间、透明食堂、云端家校等多种先进的方式不断完善传统的学校教育。

在先进设备的保障之下，学校将继续开拓"智慧教育"的涉及领域。在 2015 年，丁蕙实验小学重点将晨谈纳入"智慧教育"范畴，重点打造"孝廉晨间谈话核心红船课程"，将其作为学校的一个品牌特色，而"孝廉晨谈"也会反哺学校，助力学校的"智慧＋德育教育"。晨谈课作为学校全面重视德育、弘扬"红船精神"的重要体现，让学生形成更加健康、健全的人格，成长为学校"三生教育"理念引导下的阳光少年。

2016 年 4 月 10 日，丁蕙实验小学成功组织并举办了国际化会议——2016 浙港校长交流论坛，获得社会各界一致好评。除此之外，学校还获得了"全国智慧校园示范校""中国新样态学校联盟实验学校""全国生态文明教育特色学校""杭州市教育系统第一批'清廉学校'示范点"等多项荣誉，为智慧校园、德育校园的进一步发展打下了坚实的基础。

丁蕙实验小学从 2013 年至今的发展可以概括为以下几个阶段（如图 2.1）：

1. 建校初期：挖掘地方文化资源，培养学生奋斗精神

学校因地制宜，开发独具地方特色的校本德育课程，传播丁兰"孝文化"；挖掘"山樵艺术"魅力，将人文和艺术播撒在校园里，沁润在学生心中；建成校园十景、三生特色场馆、走廊文化墙等体验式的空间文化站。

2. 智慧校园探索期：信息应用全面化，培育学生首创精神

丁蕙实验小学根据所处的地域文化以及现有的智慧教学设施、场馆资源，结合现阶段学生的发展需求，通过整合教学的资源，在五大领域之下开发了五大特色课程，分别是"生命教育""文化蕴养""蕙美听赏""三色生活""科技创新"。每个领域下的主题特色课程又根据年龄段的不同有更为细致的课程安排，通过引进"TEAM Model"教学平台、大数据实验室等设备，形成智慧化的课堂教学模式，实现智慧教育的理想。

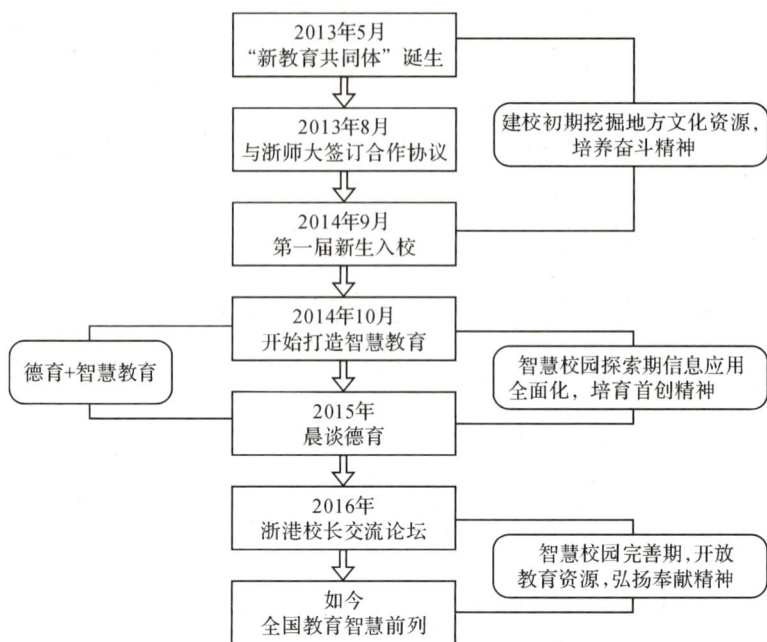

图 2.1 丁蕙实验小学学校发展轨迹

学校创设以体验为中心的活动平台,建设以智慧教学平台为核心的智慧课堂,利用人工智能和大数据分析技术,建构个性化的教学模式和高效互动课堂。丁蕙的课堂,是教师、学生及环境之间形成的互动情境,让学生亲自参与或置身于某种情境或场合,通过感觉、体验来认识事物,习得技能,针对学习中获得的成果共同分享,对产生的问题共同探讨与求证,强调积极参与、共享互助。借助智慧教学平台和答题器、iPad 等终端,及时捕捉课堂上师生"教"与"学"的行为,并及时进行分析和反馈。

学校打造独具特色亮点的"远距同步课堂",从解决区域交流所需的"智慧远距1.0",到同步记录课堂活动、同步输出课堂成果、同步分析课堂教学行为的"智慧远距2.0",再到今天的"智慧远距3.0",课堂上借助"5G＋VR"技术,让远端课堂上的学生不仅能实现"人—机"互动,还能实现"人—境"互动。

在五大特色课程及智慧化校园的浸润下,丁蕙实验小学引领学生走向创新,使学生具备一定的信息素养,为培养21世纪复合型人才做储备。

3.智慧校园完善期:开放教育资源,弘扬奉献精神

丁蕙实验小学非常重视学习关系的和谐构建,紧抓"关系"为主线,实现共处、共融、共进的教育环境。通过未来学习空间的重构,实施"混龄交互式"和"同伴互助式"学习,为学生构建多样化的关系,催生校园中各种关系

的和谐发展;重视学生的多元发展,搭建跨学科融通的课程平台,充分体现学生个性选择的自主与自由,使学生学习富有生命活力,构建和谐的师生、生生关系。积极推动家校合力,紧密家校联系,促进家校共育,让家长成为学校、教师实施三生教育的支持者、合作者、参与者;也积极走开放共享之路,让学校和社区、教师和家长、学生和社会进行多元的、丰富多彩的连接,建立起互动交融的关系。

丁蕙实验小学的远距智慧课堂实现了两地、多地进行同课、同师、同时的课堂教学,共享了教育资源,拉近了时空距离。丁蕙实验小学的远距智慧课堂将"生生互动""师生互动""地域互动""线上家校互动"和"文化互动"融为一体。在远距课堂上,两地学生都能直观地看到课件、板书,并参与课堂互动中来,智慧互联的各地老师也能实时观看并进行评课,而整个执教过程也被录播投放到网站上,家长也能在线上互动点评。目前丁蕙实验小学与美国、澳大利亚、乌克兰等六国建立国际教育友好关系,与中国香港、中国台湾、西藏等24个地区名校建立结对学校,与中国科学院、中国教育学会、中国海洋学会、浙江省艺术教育协会、中国杭州青少年低碳科技馆等12家省市级教科研单位结为共建单位,并与香港、成都、新疆等多地结为远距联盟,远距联盟还在不断地扩大。与此同时,与周围社区及结对学校共享教学资源,言传身教地鼓舞学生发扬奉献精神。

(三)培养目标

随着我国社会经济的快速发展及对人才要求的日益提高,需要培养21世纪复合型人才。小学阶段恰好是学生发展关键期,那么丁蕙实验小学要培养的学生,应该具备怎样的核心素养呢?在三生教育及智慧化课堂等学校文化的熏陶下,丁蕙实验小学的学生具有以下核心素养:优雅生命、自由思想、文化教养、社会担当和品质创新。

优雅生命:关心学生对生命的珍惜敬畏,促进学生身心健康发展,提升学生生命维护的应急能力。

自由思想:培养学生大方、自然、流畅的言语表达,感知历史文化的变迁,承担优良品质的传承。

文化教养:培养学生发现美、体悟美和创造美的本领。

社会担当:传递孝行廉洁的公民意识,培养学生健全的人格素养。

品质创新:拨动好奇心,培植探究意识,培养动手能力以及创新能力。

我们的学生正朝自立优雅的生命状态发展,正朝亲近自然、崇尚劳动的方向前进。这两年来,我们不但让学生游读生态馆,参与劳动,更重要的是让学生在游览、探究、劳动过程中得到熏陶,让学生在课程中体验到:生命的

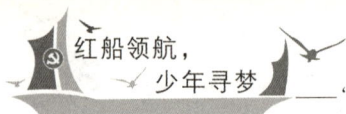

优雅,品质的创新,责任的担当。

除了上述的五大核心素养,丁蕙实验小学从实际情况出发,将培养学生的目标定为"创造性品格""进取性品格"和"关爱性品格"三大领域,每一领域下划分"情感与态度""知识与技能""过程与方法"三大维度(如图2.2)。三个维度的目标是有机联系的整体,但各有侧重。为切合不同年龄阶段学生的身心发展特点,丁蕙实验小学针对低段(如表2.1)与高段(如表2.2)学生提出不同的目标。教师在实际开展教学过程中,可根据班级学情适时调整目标,做出合理安排。

表2.1　丁蕙实验小学三大教育目标低段

	情感与态度	知识与技能	过程与方法
创造性品格	喜欢提问和探寻问题的答案,乐于想象与创造	初步掌握创新需要的知识,能用身边的材料来丰富和美化生活,进行简单的探究活动	学习几种简单的调查研究方法;提出问题,并尝试解决生活中的问题;学习利用图书、网络等多种方法收集需要的资料
进取性品格	自信向上,诚实勇敢,有责任心,增强应对挫折、适应环境的能力	具有和同伴合作的基本方法和技能	初步学习一些调整自己情绪和行为的办法
关爱性品格	尊敬长辈,关爱亲人;有集体荣誉感;品味家乡的人、事、物;热爱祖国	能与同伴分享、反思探究的过程或成果	初步体验与家庭、社区、博物馆等社会生活相联系的学习过程

表2.2　丁蕙实验小学三大教育目标高段

	情感与态度	知识与技能	过程与方法
创造性品格	热爱生活,有改进生活的强烈愿望,对未来生活有美好期待	知道科学技术对于生产、生活的重要性;了解人类共同面临的资源、环境等问题	初步掌握收集、整理、运用信息的能力;能够运用恰当的工具和方法分析问题
进取性品格	自尊自律,有较强的时间观念;初步形成民主观念,崇尚公平公正	能积极地出主意、想办法;具有和同伴友好交往、合作的基本方法和技能	掌握一些调整自己情绪和行为的办法
关爱性品格	热爱家乡,具有中华民族的自豪感;关爱自然;珍爱生命	理解日常生活中的道德行为规范和文明礼貌;懂得不同民族、国家、地区和睦相处的重要性	学会设身处地为他人着想;体验关爱他人、收获快乐的过程

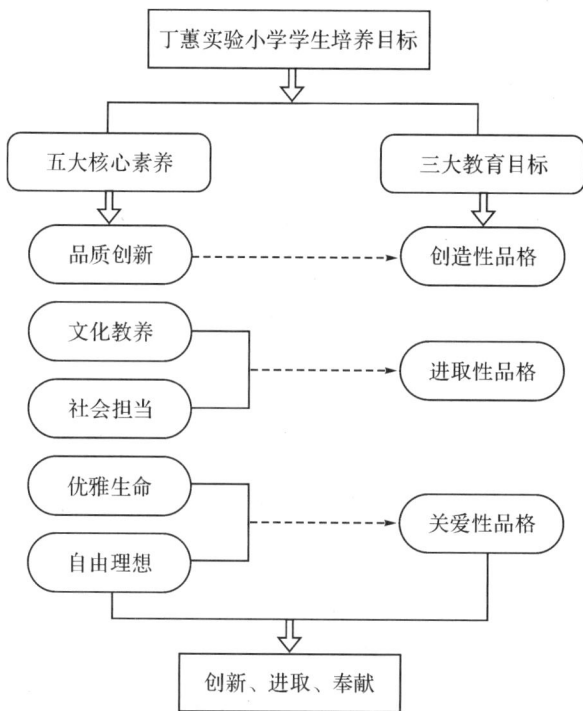

图 2.2　丁蕙实验小学学生培养目标

由此可见，丁蕙实验小学的学生所具备的"五大核心素养""三大教育目标"与当下习近平总书记提出的"开天辟地、敢为人先的首创精神，坚定理想、百折不挠的奋斗精神，立党为公、忠诚为民的奉献精神"有不谋而合之处。

二、"红船精神"校本课程的基本理念

(一)开发背景

1.培育时代新人的基本任务

"红船精神"是中国革命精神之源，也是时代精神之魂。学习"红船精神"，不仅意味着回首立党初心，也预示着新时代的到来。习近平总书记的《弘扬"红船精神"走在时代前列》一文系统阐述了"红船精神"，提出要结合时代特点大力弘扬"红船精神"。

学习中国共产党的历史，了解中国共产党的基本知识，已成为广大中小学生求知领域中的热点。在中小学广泛开展党史教育，激发学生努力学习、热爱生活的决心，用科学文化知识武装学生头脑，培养中国特色社会主义建

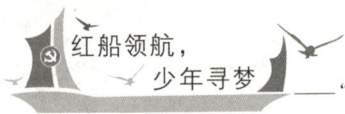

设的合格接班人。而对中小学生进行以"红船精神"为主的党的基本知识教育，为实现"中国梦"打基础、做准备，应该成为学校思想政治和德育工作中的一项重要内容。

因此，本次丁蕙实验小学德育课程的开发，在社会主义核心价值观的引领下，充分响应时代号召，分析新时代特点，以"革命精神"为核，"时代精神"为翼，解析"红船精神"，提炼"红船品格"，促进学生以品德为核心的基本文明素质的全面发展，培育新时代好少年。课程命名为"红船领航"，象征着"红船精神"行进在时代前列，也寓意新时代少年儿童秉承"红船品格"，在人生的道路上乘风破浪，扬帆起航。

2.国家德育课程的有效补充

随着新课程改革的深入发展，国家越来越重视学科课程资源的开发与利用。"红船精神"作为红色革命精神的来源，凝聚着中国共产党的血汗和智慧，蕴藏着共产党人巨大的精神力量，推动着中国特色社会主义向前发展。"红船精神"本身就是一本"活"的教科书，是一种得天独厚的特色课程资源，将其应用到小学教学中，有助于培养学生的创新精神、奉献精神、奋斗精神以及良好的生活态度和价值观。

国家德育课程是根据社会与时代发展需要和学生身心发展特点而设置的，旨在以社会主义核心价值观为指导，培养学生积极的生活态度和参与社会的能力，使其成为有爱心、有责任心、有良好行为习惯和个性品质的人，体现国家意志，承载国家育人目标。学校德育课程是国家德育课程的有效补充，因此要在国家德育课程标准框架内，实现德育类课程目标的融合，优化德育方式，提高德育成效。丁蕙实验小学目前建有"智慧生态馆""情意生长馆""生命体验馆"及"科技博览馆"等"三生"特色场馆。在本次"红船领航"德育课程中，将以"三生"特色场馆作为学校课程的载体和实施平台，化有形的"场馆资源"为无形的"课程资源"，充分体现本校特色，弘扬和传承"红船精神"。

红色资源、红色传统、红色基因是我们党和国家的宝贵精神财富。对新时代小学生进行红色教育，是时代的要求，是历史的选择。丁蕙实验小学秉承革命优良传统，在全校唱响主旋律，抓好主阵地，把握主动权，把红色教育的品德修养渗透到校园学习生活之中。

(二)指导思想

1.回归生活的基本逻辑

教育源于人类生活的需要，又促进了人类社会生活的进步。古往今来生活和教育的关系一直是教育界所探讨的重要话题。亚里士多德、裴斯泰

洛齐、福禄贝尔、卢梭、杜威、陶行知、苏霍姆林斯基等教育家均为这一理论的发展做出了卓越贡献。学校教育应建立在生活的基础之上,让儿童在生活中学习,在观察、探索中得到启发与教育,培养爱好学问的兴趣。雅思贝尔斯曾经说过:"所谓教育,不过是人对人的主体间灵肉交流活动,包括知识内容的传授、生命内涵的领悟、意志行为的规范,并通过文化传递功能,将文化遗产教给年轻一代,使他们自由地生成,并启迪其自由天性。"教育的含义是"引出",教育生活不仅仅是社会文化的传承,更是唤醒人的生命意识、建构人的生存方式并最终实现人的价值的特殊活动。因此,本课程与国家德育课程"回归生活"的基本逻辑一脉相承,不以抽象的道德概念、理论体系为基本内容,而是着眼于解决儿童成长中的各种问题,以具有教育意义的、儿童可感可解的生活事件作为建构教材生活化内容的"原材料"。

2. 自我价值的实现

在全球化的时代背景下,文化交流与文化冲突剧烈,如何应对价值普遍主义与价值相对主义带来的价值冲突与虚无成为世界性的难题。价值教育直指人的全面发展,把信仰、精神、道德的教化作为教育的重要内容,人如何成为有意义的存在是价值教育的中心命题。《国家中长期教育改革和发展规划纲要(2010－2020 年)》指出,把社会主义核心价值体系融入国民教育全过程。其中提到加强民族精神和时代精神教育,增强学生爱国情感和改革创新精神,培养学生团结互助、诚实守信、遵纪守法、艰苦奋斗的良好品质。因此思想品德教学理应成为价值教育的重要途径。[①] 本课程旨在让学生不仅能专注于感兴趣的领域,有发现、阐述、提升自我独创性的信心和能力,也能主动、真诚地关心他人,服务社会,实现自我价值的完整性。另外,不同年龄段、不同学业水平的学生中有一定的价值认知差异,因此应将一元化的价值教育目标分解为若干个层次,有机衔接,逐步提高。[②]

3. 积极行动的实践原则

亚里士多德从实践及人的生存状况角度出发,对德行有独到的见解。他认为具有德行不仅意味着掌握某些所需的知识,更重要的是能依据这些知识去选择、行动。自 20 世纪中叶起对实践哲学的重新审视是人们寻求解决现代危机的路径选择。汉娜·阿伦特作为西方重要的政治哲学家,提出了"行动"概念。她认为人以言说和行动切入人类世界,是有目的的、自发的、主动的、积极的,行动易突破各种限制,结果是不可预见的,所以行动是

---

①魏贤超,王小飞.价值教育散论[M].武汉:武汉大学出版社,2017:147.

②魏贤超,王小飞.价值教育散论[M].武汉:武汉大学出版社,2017:29.

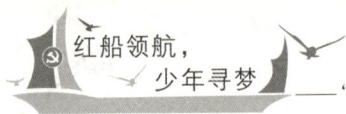

"人的一种创造奇迹的能力"。① 根据杜威和皮亚杰的观点，儿童是在实践中学习或在实践中得到发展的，儿童坚持不懈地成为改造世界的行动者、建构者。只有理解儿童的观点、仔细观察儿童的活动，教师才能随时和他们交流。因此教师应尊重个体的个性和经验，强调自主、求知欲、好奇心，为学生提供开放性的空间、语言、时间等，令学生在互动和合作中受益，创造更大的可能性。

4.真实情境的有力支持

真实情境任务建立在有现实意义的背景上，有明确的目的性，力图使用科技工具解决现实世界中的问题，关注学习和理解内容的对话与交流，从动机和认知心理两方面均对专注力和学习有较大帮助。学生在真实情境中学习，能培养调研和探究、沟通和展示、组织和时间管理、团队参与以及批判性思维技能。情境认知理论认为，基于现实世界的真实情境是学习者学习的基本条件，有利于培养学生的探究精神，激发学生解决真实问题的动力。因此一个真实、丰富、多样的情境能为儿童发展提供有支持力的环境。课程应鼓励学生提出一些现实生活、时事热点或个人感兴趣的问题，在老师指导下调查、评估、搜集、解决并展示。②

(三)实践意义

1.有利于帮助小学生树立坚定的理想信念和正确的价值信念

坚定的理想信念是共产党能够取得革命胜利的精神支柱，是无数共产党员和革命人士用鲜血和汗水换来的宝贵精神财富。小学生处于正确理想信念和价值观念形成的重要时期，"红船精神"在小学德育教学中研究的价值意义在于引导小学生树立坚定的理想信念和正确的价值信念。③

2.有利于帮助小学生树立艰苦奋斗的作风和无私奉献的精神

"红船精神"校本课程在于引导小学生树立艰苦奋斗的优良作风，将个人的命运同祖国的发展和民族的希望联系在一起，鼓励他们为了社会主义现代化建设的发展而刻苦学习、努力奋斗，同时也要树立正确的责任意识，增强班级集体荣誉感和国家认同感，增强服务和奉献意识。④

---

①汉娜·阿伦特.人的境况[M].上海:上海人民出版社,2017:140.
②(美)弗雷德里克斯.提高学生学习专注力的8个方法:打造深度学习课堂[M].北京:中国青年出版社,2015.
③曹建锋."红船"领航铸潮魂"三课"培育弄潮儿[J].中国职业技术教育,2019(19):35—37.
④徐晓良."红船精神"进校园的思考与实践[J].教育家,2019(29).

3.有助于培养小学生的创新精神和动手实践能力

"红船精神"校本课程充分运用多种教学方法,创设良好的课堂氛围,培养小学生的创造力和动手实践能力,启发他们的创新性思维和发散思维。

三、"红船精神"校本课程的设计架构

"红船精神"校本课程的实施是一个不断探索改进的过程,需要全方位配合支持与学校系统化的实施跟进。丁蕙实验小学与学校场馆相融合,使"红船精神"有根源;与校园文化相融合,使"红船精神"可视化;与学校课程相融合,使"红船精神"常态化;与学校品牌相结合,使"红船精神"品质化。智慧化的校园品牌搭建,以"红船精神"中的"首创""奋斗""奉献"为指引,以红船实地场馆为载体,通过不同教学模式的常规性德育课程、拓展性德育课程及实践性德育课程的实施与评价,可以令学生更好地传承与落实红色精神(如图2.3)。

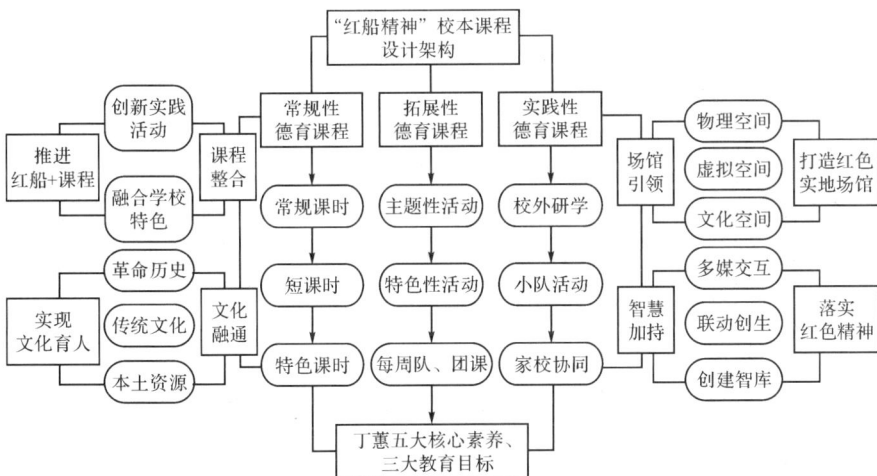

图 2.3 "红船精神"校本课程的设计架构

(一)课程目标

"红船精神"蕴含着丰富的育人价值,在小学开展"红船精神"教育,有利于学生树立正确的世界观、人生观、价值观,有利于学生形成高尚的情操和健全的人格。准确判断学生的发展需求是"红船精神"校本课程开发的重要工作,也是科学确定课程目标的基础。

本课程以历史文化演变与地域文化传承的大视野对"红船精神"进行解读,并让小学生对"红船精神"的诞生与影响有更为深刻、更为宏观的认识,使得"红船精神"成为我校学生"内化于心、外化于行"的文化追求,形成"红

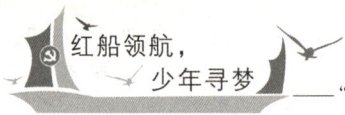

船精神"课程的新思路和红船文化在小学传承的新格局,打造我校文化传承新品牌。丁蕙实验小学校本课程具有地域性、文化性和实用性。独特的地域文化资源是课程实施的依托,可以更好地促进课程资源的开发。除此之外,在开发"红船精神"校本课程资源的过程中,丁蕙实验小学充分发挥了教师的主体地位,发掘教师开发课程资源的能力,提高课程资源开发的实效性。基于以上充分的准备,丁蕙实验小学旨在通过"红船精神"校本课程的开发达到以下目标:

教会学生以历史文化的角度深刻领会"红船精神"的诞生、发展过程和重大历史意义以及中国共产党人不忘初心的重要性。引导学生从历史文化的角度思考历史选择,中国共产党作为执政党的必然性以及当代应该如何传承和弘扬"红船精神"的时代命题。

1.激励学生养成刻苦学习、知难而进的学习品格

学生通过学习"红船精神"校本课程,感受到党在领导中国人民进行奋斗时的艰辛。同时,从党的光荣传统、革命先烈和英模人物身上,学习刻苦、知难而进的品格,这是建设社会主义核心价值体系的强大动力。

2.塑造学生与人为善、乐于奉献的个性品质

"红船精神"集中体现了当代中华民族天下兴亡、匹夫有责的爱国主义精神以及团结友爱、互帮互助的道德品质。我们有责任在青少年一代中,通过"红船精神"校本课程的指引,让学生真正领会到"人人为我,我为人人"的思想境界,倡导与人为善、团结协助、乐于奉献的新时期学生个性品质。

3.指引学生树立远大理想,具有不断创新的坚定信念

"红船精神"校本课程培养学生的创新人格,引导学生从大处着眼、小处着手,安心踏实,悉心求学,践行"小事成就大事,细节成就完美,创新成就卓越"的理念,把学生培养成具有远大的理想、坚定的信念、坚强的意志和勇于创新的人。

通过"红船精神"校本课程的实施,学生可以成为一个"懂爱国、会创造、明进取、晓关爱"的全面发展的人。①

(二)课程形态

课程是中小学教育的核心,课堂是实施爱国主义教育的主渠道、主阵地,也应成为"红船精神"传承的主渠道和主阵地。通过与道德法治课程、地

---

① 徐静,刘嵘.思政教育视域下高校"红色基因"传承路径探究[J].淮南职业技术学院学报,2019(5):21-22.

方德育课程、学校校本课程相结合,丁蕙实验小学构建"红船精神"校本课程,推进"红船精神"进读本、进课堂、进校园,以此实现全程育人、全方位育人。学校全面加强红色教育资源开发建设,深度挖掘传统地域文化,并将其转化为有用的教育资源,打造具有浓厚地域文化的红船文化场馆,形成了特色较为鲜明的红船文化校本课程体系。基于此,丁蕙实验小学"红船精神"校本课程创建了以下三种形态:

1.常规性德育课程

学校按照国家要求,依据学生学习水平和学习层次的差异,对国家常规性课程内容进行整合,使国家课程校本化。通过选择、改编、整合、补充、拓展等方式,学校对国家课程和地方课程进行再加工、再创造,使之更符合学生、学校的特点和需要。以国家课标为基本要求,学校根据学生实际发展水平以及不同类型学生的发展需要,对教学内容进行重新增删和整合,建立课程内容的分层分类体系(如图2.4),采取多种类型的德育课程形式,如常规课时、短课时、特色课时等。此外,学校还结合小学生的特点,推进活动课程化与课程活动化。

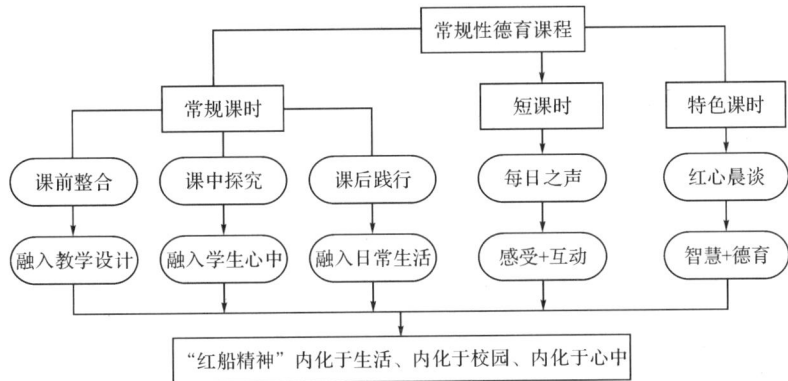

图2.4 "红船精神"常规性德育课程

常规课时:在少先队课中融合、渗透"红船精神",同时结合人物或事例等情境、主题实践等活动来引导学生正确理解"红船精神"的价值意义。常规课时通过课前整合,把"红船精神"融入教学设计;课中探究,把"红船精神"融入学生心中;课后实践,把"红船精神"融入日常生活。这三种途径有效地把"红船精神"融入课前设计、课中渗透、课后践行中去。

短课时:为了弥补常规课时时间、课时量上的限制,丁蕙实验小学提出了短课时的教学形式,也就是每日之声。每日之声核心课程可以被称为"1+1"的教学模式,每周有两天开展每日之声核心课程的内容,以"感受+互动"为主,锻炼学生的语言表达等能力。每日之声将短课时"课程化",引起师生的重视。每日之声更加注重加强教师心理教育的水平与信息化使用水平,这也使得学校每日之声的资源包迅速充实起来。

特色课时:丁蕙实验小学在已有的物联网、云平台的基础上更加细化,把学校的德育教育作为"智慧教育"的工作重点,并以"晨谈"作为学校德育教育的一个突破口,旨在用一种智慧的方式来重新打造这一德育活动的重要阵地。"红心晨谈"作为丁蕙实验小学的智慧教育与德育教育的融合课程,以学生为主体,教学方法与形式也有一定的创新。"红心晨谈"涉及了"我与国旗同框""廉洁教育""红色主题阅读"等系列课程。通过"红心晨谈"课程活动的实践,学生们能够将"红船精神"内化于生活、内化于校园、内化于心中。

2.拓展性德育课程

丁蕙实验小学根据所处的地域文化以及现有的智慧教学设施、三大场馆资源,结合现阶段学生的发展需求,通过整合教学的资源,开发了系列拓展性德育课程(如图 2.5)。

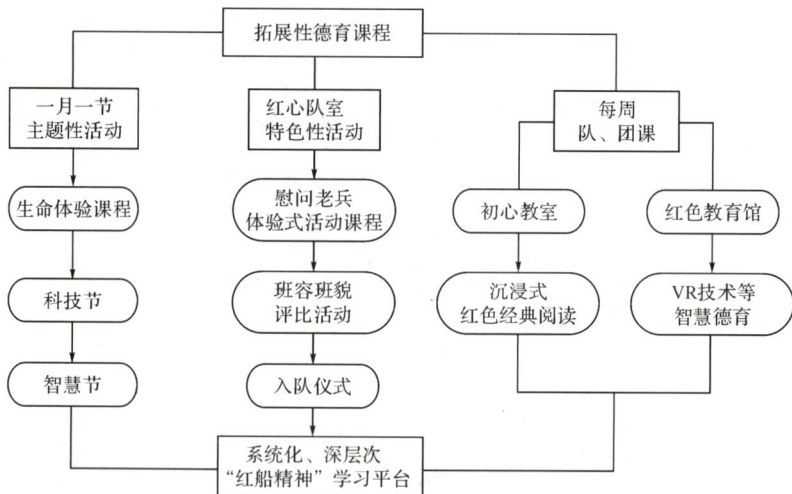

图 2.5 "红船精神"拓展性德育课程

丁蕙实验小学通过开展多姿多彩的一月一节主题性活动,有效地渗透"红船精神"教育。学生通过参加科技节等活动,陶冶了道德情操,促进了革命者的精神和品质在他们幼小的心灵中生根发芽。通过学习生命体验课程,学生可以多角度、理性地认识和思考生命问题,懂得珍爱生命,正确地看待自我,理性地面对挫折,提升自己对负面情绪的应对能力。通过"'蕙'学点燃梦

想,童心齐战'疫'"为主题的智慧节,学生们感受到医护工作者无私的奉献精神,以及中国人民百折不挠的奋斗进取精神,提高了自身的创新能力。

丁蕙实验小学的红心队室特色活动以体验、浸润、实践等多途径引导孩子感知、践行、弘扬"红船精神"。通过慰问老兵的体验式活动课程,学生们把爱国之情深埋在心中,学会了感恩、关爱他人、回报社会,用实际行动把红色基因传承下去。"红船精神"浸润无声。通过班容、班貌评比活动,学生们加强了团队意识,有序发挥思想政治的引领作用,增强自身的集体荣誉感,发挥奋斗精神。丁蕙实验小学每学年都会进行"心系红领巾,争当好少年"入队仪式,这也激发了同学们对红色历史的传承与发扬。

"初心学院"是丁蕙实验小学呈现中国共产党百年历史的"沉浸式"党史馆,分为初心教室和红色教育馆两部分。通过初心学院沉浸式的红色经典阅读,学生增强了责任感和使命感。经典浸润人生,不仅让我们感受到了中华经典的魅力,更让红色精神在同学心间更好地传承和发扬。2020年少年团校培训班在我校初心学院正式开班,旨在重温共青团的光辉历史,接受精神洗礼,理解初心使命,做一个"思本源·致良知·应时需"的蕙美少年。红色教育馆运用了VR技术等智慧手段,学生可以更好地把革命时代的红色文化精神武装在自己身上,既是传承中国精神,又是个人核心素养的提升。校本课程开展融入初心学院的建设中,可以搭建更系统化、更深层次的学习平台,发挥更大的宣传教育作用。

3. 实践性德育课程

教育方法重"体验",德育必须重视主体的积极活动,依靠主体自身的体验促进教育目标的实现。学校把思政小课堂与社会大课堂、理论教学与实践教学结合起来,引导学生走出校门,接触社会,了解国情,在实践锻炼中积累智慧,在社会熔炉中锻造品格,在搏击风浪中增长才干,做到学以致用,用以促学,实现知、情、意、行有机统一,培养担当民族复兴大任的时代新人,培养德智体美劳全面发展的社会主义建设者和接班人(如图2.6)。

(1)依托研学旅行,植根学生创新精神

丁蕙实验小学通过校外研学的任务驱动,按"研学前""研学中""研学后"三个步骤,循序渐进地引导教师和学生实施研学课程。学生在这个过程中学会思考,学会创新,不断地在研学过程中提升自己的创新能力。丁蕙实验小学研学类型多样,且结合学校实际情况进行校外研学课程的设计和实施。以丁蕙实验小学学生的培养目标为基础,立足学校已有的资源,分层建构小学生校外研学主题。在研学过程中,互帮互助的团队协作能力是非常重要的,让学生通过参与项目式、体验式、合作式的活动和课程,培养他们的创新精神。

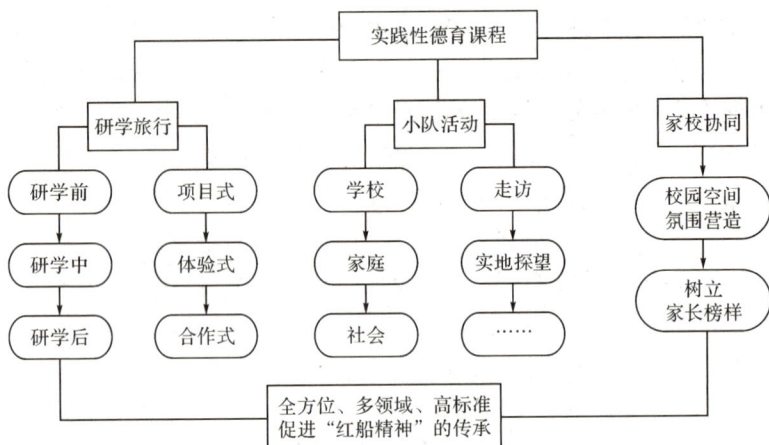

图 2.6 "红船精神"实践性德育课程

（2）借助小队活动，培养奉献精神

丁蕙实验小学的"雏鹰假日小队"是一条连接学校、家庭、社会之间的纽带，为孩子们创造了一个学习、娱乐、锻炼、创新、独立、自主的成长氛围。孩子们从空间有限的校园中走出来，为社会服务，培养了其奉献精神。

在小队活动开始前，队员们要进行分工合作与自主设计。活动过程中，则注重队员之间的协作能力与自主探究能力的提高，关爱与奉献品格的养成。学校的小队志愿服务内容丰富，形式多样。通过走访、实地探望等形式，学生们自觉地感受到帮助他人的快乐且愿意更多地去关爱他人，学会奉献。队员们在参加小队活动后，会用文字、图片等形式将活动记录下来，并用多种形式进行分享，更好地培养了奉献精神。

（3）利用家校协同，激发奋斗精神

家校协同合作，能够更好地落实学生"奋斗精神"的培养，帮助学生了解党史国情，继承自强不息、艰苦奋斗的革命传统。学校利用初心学院、教室、走廊等校园空间，激发学生的奋斗精神，让校园的每一个角落都散发出红船文化的气息，让学生在耳濡目染中接受红船文化的熏陶。除此之外，丁蕙实验小学孩子的家长们还善于给学生树立榜样。比如：疫情期间家长自觉为学校消毒、开学前夕主动申请教室大扫除及装扮任务以及积极参与每天早晨的家长护学岗等，每位家长都尽心尽力地为孩子创造良好的学习环境。丁蕙实验小学深知家庭教育的影响力，所以在家长为学校或者班级做出一定贡献的时候进行表扬与宣传。学生们在这样的氛围感染下，能够更好地学习奋斗精神。

不同形态的课程以及各类活动之间呈现层层推进、螺旋上升的逻辑结构，力图全方位、多领域、高标准地促进"红船精神"校本课程的有效开展。

三位一体:"红船精神"传承的学校保障

一、环境建设:三维空间特色化

丁蕙实验小学坐落在杭州市皋亭山下,虽然学校在市郊的地理位置,生源并不占优势,但是学校打破旧的空间设计理念,设计有特色的三维空间——有创意的物理空间、有智慧的虚拟空间、有活力的文化空间,让每个教学空间都有传承"红船精神"的价值,以一种全新的理念进行"红船精神"的传承,让学生身临其境地感受"红船精神"的内涵,传承"红船精神"的精髓。

学校以构建实体性红色基地为物理基础,打造智能化虚拟网络场,有效拓展有限的实体性空间,并以育人文化场为指向,通过红色基地特色学习项目的开发和实施,培育具有首创、奋斗、奉献的"红船精神"的蕙美少年(如图 3.1)。

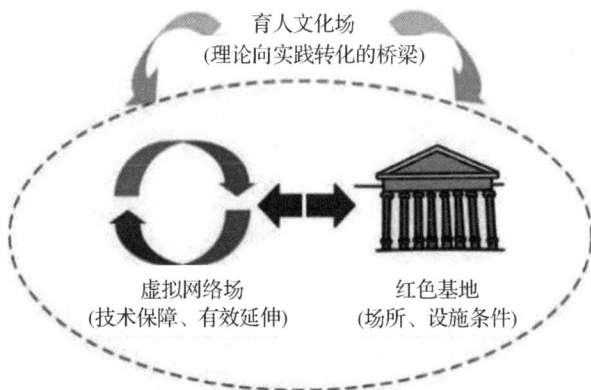

图 3.1 "红船精神"传承的特色三维空间关系图

(一)充满创意的物理空间

学校创建和整合多维学习场,将学校打造成一个以初心学院、红心队室为主,以其他红色空间和景观为辅的富有文化底蕴的"红色基地"(如图 3.2)。

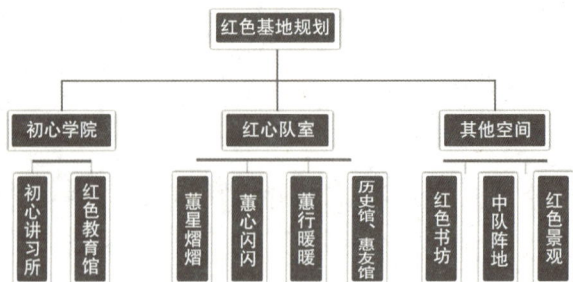

图 3.2　红色基地规划图

学校在筹建红色基地时，强化其教育功能，尊重学习主体——学生的发展需求，同时突破教室与墙壁的界限，延伸学习空间，开发个性化的特色场馆，如初心学院、红心队室、红心向党主题墙等。学校明确功能定位，令学生在特色的红色文化空间里自由参与，主动体验，积极互动，在基地中体验"红色故事"，在活动中学习"红船精神"，实现学生学习兴趣的激发、学习动机的触发、学习潜能的开发和学习思维的生发，并促进学生对"红船精神"内涵的理解与传承。

1. 初心学院

（1）初心学院的布局介绍

初心学院是一个实景与虚拟相结合的"智慧联动"红色体验空间，由两个相对独立的空间——初心讲习所和红色教育馆组成。同时，该场馆的建造紧密结合有奋斗色彩的"红船精神"和长征故事。

初心讲习所的外墙上刻印着一个精心设计的"初心"徽标，它由党徽、党旗、弧线三部分组成（如图 3.3）。党旗招展，它的设计取自书法家王羲之的草书"心"，弧线寓意一轮红日从地平线上冉冉升起，金色的党徽在左上方熠熠生辉，引领着我们前进。"初心"徽标代表了党在心上，不忘初心的神圣使命。

图 3.3　初心学院徽标

区教育局致力于将初心学院打造成习近平新时代中国特色社会主义思想的传播器，同时也是学生学习党员榜样之处。初心讲习所的内部是按照 1945 年在延安杨家岭中央大礼堂召开的中国共产党第七次全国代表大会的会场布置建造的，最前方是毛主席和朱总司令的画像，两边是鲜红的党旗，画像

正对面是黑色的木质长椅,地上铺满灰色的地砖。学生可通过重现的会议场景感受会议的肃穆与党艰苦奋斗的精神。

红色教育馆是一个呈现中国共产党悠久历史的"沉浸式"博物馆(如图3.4)。走进红色教育馆,仿红船造型的入口为我们重现了中共一大在嘉兴南湖的会议场景。再往里走,是一个接一个的仿真3D模型场景,井冈山革命根据地、红军长征路、南泥湾、黄崖洞兵工厂、大别山等。这些真实场景中还陈列着朱德的扁担、一根灯芯、雷打石等蕴含丰富革命故事的红色物品,向每一个参观者重现了刻骨铭心的艰难历史和团结奋斗的感人故事,传递着矢志不渝的"红船精神"。

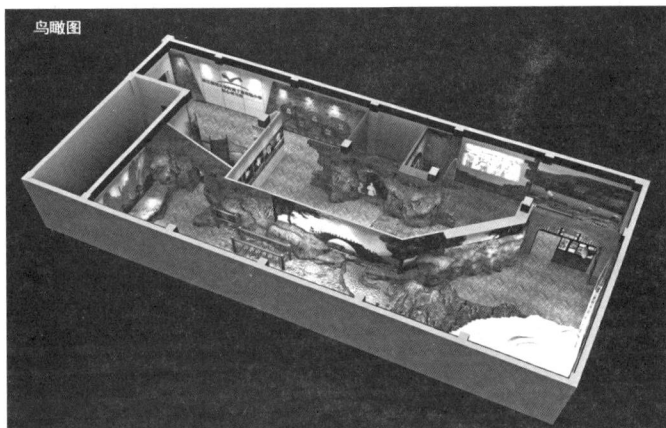

图3.4 红色教育馆鸟瞰图

(2)初心学院的馆内资源

在党的十八大报告中,习近平总书记指出:"要把红色资源利用好、把红色传统发扬好、把红色基因传承好。"初心学院致力于红色文物的展览研究,陈列了丰富的红色物品,蕴藏了发人深省的红色故事,传递了深厚的"红船精神"。

初心学院集中了全国各地的红色资源,注重资源的相对整合,形成了"多点穿珠"的布局(如图3.5),为感悟"红船精神"制定了最高效的方案。按照新中国成立前党的发展史,初心学院在建造时依次包含:中国共产党在嘉兴南湖红船上的诞生,第一个农村革命根据地,第一个红色政权,与国民党的艰苦作战,南泥湾生产运动的丰收"奇迹",黄崖洞兵工厂的建设与保卫,解放战争,新中国成立前的第七次中国共产党代表大会。由此"多点"成线,思路清晰明了。

| 诞生于嘉兴南湖红船 | 第一个农村革命根据地 | 长征 | 南泥湾生产运动 | 黄崖洞兵工厂建设保卫 | 第七次中国共产党代表大会 |

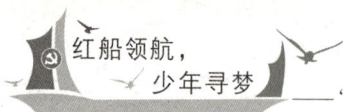

图3.5　红色教育馆"多点穿珠"布局

同时，初心学院在展示党的发展史这一明线中，通过陈列的物品与重现的情境讲述一个个动人的红色故事，丰富了初心学院的资源，增加了趣味，成为凝结"红船精神"的闪亮"明珠"。"一根灯芯"重现了毛主席的艰苦朴素；"朱德的扁担"重现了朱总司令带头示范、艰苦奋斗的井冈山精神；"雷打石"重现了毛主席提出"三大纪律、八项注意"时的严明纪律、以身作则。最精彩的是在红军长征这一发展节点中，初心学院重现红军翻越的第一座雪山——四川阿坝州的夹金山，通过草地、沼泽中隐藏的手印、脚印和陷阱，再现长征路上艰苦的生存条件与恶劣的环境，突显红军的长征精神。

初心学院蕴藏的丰富资源可以调动学生的积极性，高效地体验、学习其中所承载的知识、技能、态度与价值观，保证红色资源作用的充分发挥。

（3）初心学院的校外延伸

初心学院作为学校的特色红色教育基地，联合校外资源，共享教育平台。在区级青少年第二课堂的基础上，建成杭州市第二课堂基地。初心学院六年内场馆开放不少于500次，综合实践活动不少于20次，接待参观量每年不少于3000人次，开放的活动与接待的经历丰富了初心学院的资源，扩大了社会影响力。

"随风潜入夜，润物细无声。"初心学院红色教育基地的建设，就是为了加强宣传，营造氛围，真正把艰苦奋斗的精神带给党团员，带给广大师生，带给家庭、社会，以继续发扬艰苦奋斗的精神。

2. 红心队室

（1）红心队室的布局介绍

红心队室是少先队大队部的传统活动阵地，也是学校宣扬与践行"红船精神"的重要红色基地。红心队室紧挨着学校的大门，每个经过的学生、教师、访客都可以透过玻璃墙面将队室内的六大板块一览无余，直观地感受到"红船精神"

图3.6　红心队室"蕙星熠熠""蕙心闪闪"照片

在学校少先队员身上的映射。

"蕙星熠熠"(如图3.6):队室的主墙面。丁蕙实验小学的吉祥物——丁丁、蕙蕙正戴着红领巾,执着队旗,驾着一艘运河上的轮船向我们驶来。船身是誓词与呼号,左边的船桨上是少先队队歌,右边的船桨上是值班表。这象征着新时代的少先队员在习爷爷的指引下,传承"红船精神",奋发向前。

"蕙心闪闪":主墙面的正前方,队室的正中间是队员们商议学校自治事项的桌椅。正上方则是锃亮的红星,暖暖的阳光和红星的灯光照在丁蕙队员身上,给了队员们成长的动力,队员们也会用真挚的心意与红星遥相呼应,将红船的奋斗精神践行在每一次活动中。

"蕙行暖暖"(如图3.7):队室中最醒目、最靓丽的墙面。在"不忘初心、牢记使命"的标语对面,展示了学校硕果累累的荣誉墙,红彤彤的奖状,满目琳琅的锦旗、证书,还有队员们践行"红船精神"的瞬间:运动会上的飒爽身姿、艺术节上的婀娜舞姿、教室里的

图3.7 红心队室"蕙行暖暖"照片

认真坐姿……荣誉墙一直延伸到通向队室的长廊上。长廊的对面,还展示了队旗、队歌、队章、队史、队礼、队标等少先队的基本知识以及"我们的辅导员""我们的制度"等丁蕙实验小学的特色自治制度,展现队员们首创的"红船精神"。

除此以外,红心队室中还设计了展示少先队发展历程的"少先队历史馆",展示历届优秀校友的"蕙友墙"。红心队室的每一处设计,庄严又富有童趣,极具教育意义,不仅体现了丁蕙少先队组织的独特文化和特色制度,还可以激发丁蕙少先队员对少先队、对党、对"红船精神"的崇高情感。

(2)红心队室的丰富资源

红心队室之所以对传承"红船精神"有着重要意义,是因为红心队室的每个角落里都蕴藏着丰富的红色教育资源。

红心队室中直接展示了"红船精神"的学习资料:"蕙行暖暖"中展示了少先队作风、少先队工作要目、大队自治制度等,队员们可以在阅读这些资料的过程中学习优秀的红色精神,提升自我管理的能力;在"少先队历史馆"中,队员们可以温习少先队产生与发展的历史,感受少先队是如何传承党的精神以及少先队的使命。同时,红心队室内肃穆又不失童趣的布置,也对队员们有着潜移默化的教育作用。

榜样对"红船精神"的学习也有着举足轻重的作用。"少先队历史馆"中著名少先队员的先进事迹鼓舞着队员,"蕙友墙"上优秀的校友用亲身经历

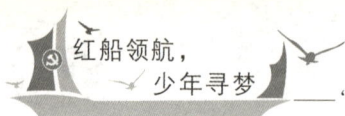

诉说着践行"红船精神"的故事，"蕙行暖暖"中的优秀辅导员、优秀同伴对队员们更是莫大的激励。

队员们学习并践行"红船精神"的行动本身又丰富了红心队室的教育资源。丁蕙实验小学每个特色中队分别展示了各自的中队名、中队口号、中队集体照等，每个中队的笑容与精神都是红心队室里最靓丽的风景线。小队记录本里还记录了队员们拥抱社会、拥抱家乡、拥抱自然、拥抱未来的实践体验，记录队员们成长的足迹。

从在红心队室里学习少先队知识，到学习榜样的力量，再到用自己的成长丰富红心队室，丁蕙实验小学的队员们知行合一，学习、理解、践行着"红船精神"。

（3）红心队室的合理使用

在红心队室里，丁蕙实验小学的队员们成为队室的管理者，在活动中承担责任、学会合作。

①自主自治

所谓自主自治，就是在建立"三级"值周制度的基础上，每个大队委员轮流值周，及时填写值周日记，并管理队室的资料。大队委员每周举行一次大队委员会议，及时了解工作情况，部署活动。同时，大队、中队委员的能力培养很重要，大队委员会在反思工作的基础上，寻求大队辅导员的帮助，通过开展队长学校、小干部讲座、队干部例会等活动，不断提高大队委员、中队委员的自治能力。

②参观听讲

通过学习和训练，大队委员和讲解员担任讲解工作，轮流带领全校的队员们参观红心队室，向队员们讲解队室中每一个板块的意义，使每一个队员都能熟悉队室与少先队的基本知识，感受"红船精神"。尤其是在每学年开始时，一年级新生都会在成为小学生前或成为少先队员前参观队室，在大队委员和讲解员的带领下，进行启蒙教育，同时让他们了解本校的队史，使他们热爱"红船"，热爱丁蕙，热爱少先队，鼓舞自己前进。

③查找资料

红心队室陈列着关于少先队的资料，同时队室内收集并整理了学校有关少先队活动的材料，辅导员、大队委员可以在其中查阅、学习、借阅，借助队室里的报刊、图书、光盘、工具等，根据实际需求举行特色主题队会，进行班级内的"红船精神"教育。

3.其他红色空间

除了初心学院、红心队室两大红色基地，学校还充分利用红色书坊、中队阵地、红心向党主题墙等红色空间,营造文化环境,让红色文化渗透到学校的每一个角落,让校园的一草一木都闪烁红色之影,让师生的一言一行都折射红色之魂,让校园时时处处都充满红色的精神。

(1)红色书坊

红色书坊位于校园的正中间(如图3.8)。红色书坊入口处悬挂着毛泽东、周恩来、朱德、刘少奇、陈毅等老一辈无产阶级革命家、军事家的名言警句,并定期更新。穿过横幅,便是红色书坊的大厅。大厅以几个"顶天立地"的书架为支撑和主体,上面陈列着

图3.8 红色书坊照片

各个时期、适合各个年龄段阅读的红色书籍,讲述了雷锋、张思德、白求恩、黄继光等英雄人物的优秀事迹,激励学生学习革命精神,争做"四有"新人。

红色书坊的红色学习氛围十分浓厚。书架旁边是向阳的吧台,学生和老师可以坐着阅读红色书籍,思考"红船精神"的传承,还可以在茶歇中交流讨论。红色书坊陈列着学生关于红色阅读的作品、成果,有阅读小报、阅读手册、讲故事视频等。穿过几个书架,几个硕大的红底白字尤为显眼,这便是红色书坊的徽标——蕙伢儿红色书坊。在阶梯式的书架映衬下,绸带上的徽标熠熠生辉,它寓意着丁蕙学子在学习"红船精神"中,循循踏步上升,洋溢着新时代的生气。

红色书坊还联动杭州图书馆,定期举办专题图片展览和图书漂流活动,让红色书籍在学生与学生、学校与学校、学校与图书馆之间流动起来,让学生充分了解红军长征的战斗历程和光辉事迹,努力学习革命前辈的可贵品质。

(2)中队阵地

营造红色教学环境,使每间教室成为具有文化之美、环境之美、精神之美的学习生态圈,使之成为弘扬爱国主义精神的孵化器。

学校制定"特色红船中队"的评比方案,中队按照评比细则进行评比。中队在进行教室布置时开设"红船精神"教育板块,用以展示学生的作品,展现学生在学习"红船精神"后对它的理解,鼓励和引导学生参与红色文化建设,精心打造中队特色文化,让教室成为学生表现自我、优化个性的红色场所,提升班级文化内涵(如图3.9)。

图3.9　特色红船中队的阵地布置

(3)红色景观

学校用红色资源装点目所能及的空间,着力打造红色教学的"硬"环境教学场所,希望把每个角落都打造成"红船教育"的教学场所。无论是校园的红色主题橱窗、围墙,还是专用教室的宣传栏、楼梯的标语,"红船精神"都是永恒不变的主题,但内容与形式应地而变。

学校围墙的醒目处,除了介绍学校文化的整体构想,还布置了富有学校特色的校园"红色文化墙",在上面张贴了师生合作完成的"红船精神"宣传画,学生的红色阅读手册,展示着师生的红色学习成果(如图3.10)。

图3.10　学生红色阅读手册

"红心向党"的红色文化宣传橱窗内陈列着红色故事、红色物品的模型,通过黑板报、照片、录音、实物等形式进行展示,还专门设立了一个以统编语文教材中小英雄人物为原型创作的不倒翁展览区(如图 3.11),让学生感受红色的魅力,接受"红船精神"的熏陶与洗礼。

图 3.11　英雄人物不倒翁

不论是政治、经济、科技、文化、历史等不同领域,还是文字、图片、音频、视频等不同形式,学校里的每一个角落都流淌着对"红船精神"的深情,不仅创意十足,还催人奋进。

(二)充满智慧的虚拟空间

学校引入多种技术,提供了"三要素"和"五平台",积极推动"红船精神"的智慧化教育发展和虚拟网络场建设,延展学校的多维学习场,打造资源共享的无边界红色教育空间(如图 3.12)。

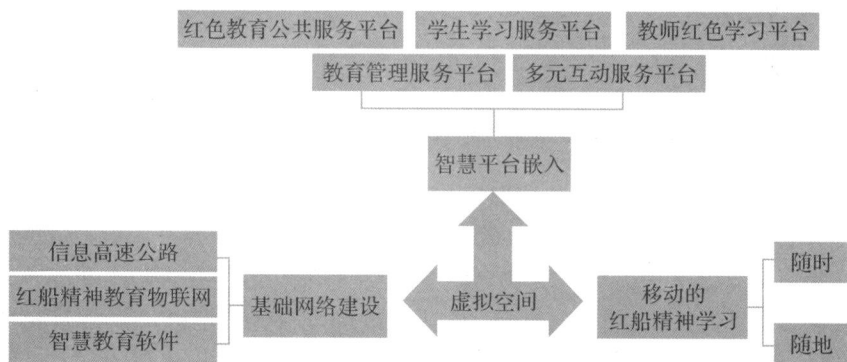

图 3.12　"红船精神"传承的虚拟空间"三要素""五平台"

"三要素"是"红船精神"虚拟学习场的重要保障,指的是一条师生可以在任意时空传递消息的信息高速公路,一张开放、共享的"红船精神"教育物联网和一组以云计算架构为基础,集合各方需求、服务各个学科的智慧教育软件。"五个平台"将嵌入物联网,并给予"红船精神"教学、传承、发展以强

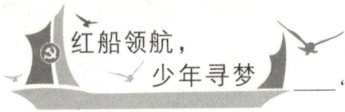

大的支持。它的作用主要体现在以下四个方面：

1.智能与情境：全景技术运用

学校创新发展智能化虚拟网络场，成为多维学习场的有效支持和拓展。学校引进各种前沿网络技术设备，在实体性红色基地中运用色彩、科技、声光等多种手段链接过去、现在与未来，以网络化、信息化、智能化的设施创建虚拟情境，增强学生的体验和互动，加强"在场"与"融入"。

学生主动参与各种场景所组成的真实活动情境之中。场景设计采用以下几种技术：立体投影技术，可高度实现对情境的真实感需求，形成浸润式学习空间；白板交互技术，助益学习的思维性和互动性，反映学生的真实认知情境；体感捕捉技术，通过手势控制多媒体的人机互动模式，增强学生的代入感；虚拟 VR 技术，优化学习场的体验性，激发和唤醒学生的生动体验。学生的学习发生于多维学习场的探索之中，并在与环境的交互中得到信息反馈，充分享受资源整合带来的便利，并及时调整自己的学习行为，进而得到领悟，取得进步。

(1)时光穿梭机虚拟情境

科技博览馆中的时光穿梭机，利用丰富的色彩和拟真实环境的设计。满天星斗闪耀，颜色各异的八大行星似乎要从宇宙深处挤进我们的穿梭机，还有关于星球运行轨道、重量、资源等知识，散布在璀璨的星空中。课堂中的每个学生配备一台 VR，通过 360°全景再现浩瀚宇宙的逼真场景，让每个人以沉浸体验、自主互动的学习方式进行探索，仿佛置身于浩渺无穷的宇宙，激发学生对知识的向往和无限的创造力，培养一种不断开拓的"红船精神"。

(2)AR＋VR 体验长征

长征场景设计了两条平行的路线，第一条路线可以利用手机步行体验一体化 AR 展览。进入展馆后，系统会自动识别所在展区并进入增强现实模式，并跟随摄像头中的展品出现 AR 动画或 AR 卡片，进行讲解和演绎。同时，学生的智能手机上会同步展示长征路线的全景，方便学生进行分享、收藏和搜索拓展学习。

第二条路线，学生可以身穿红军服，通过 VR 交互式体验飞夺泸定桥的惊险场景。接收到三个任务后，学生走上泸定桥，一边抵抗大风拿枪与"敌人"作战，一边在摇晃的铁索桥上躲避枪林弹雨，设身处地感受飞夺泸定桥时红军忠于人民革命事业的大无畏精神。学生还可以体验红军过草地、爬雪山，在呼啸的风声、咆哮的雷声、闪烁的闪电中手脚并用绕过沼泽和万丈深渊。

通过一体化 AR 展览、VR 交互式体验等形式,学生体验红军长征中艰苦朴素、舍身奋战的重要历史场景,更深刻地领会"红船精神"奋斗、奉献的重要内涵。

(3)4D 体验南泥湾

学生带上 VR 眼镜,看着南泥湾从最开始的一片荒凉开始变化发展,再通过音效、视频的三维动态视景和 VR 工具仿真实体行为,沉浸到南泥湾大生产的场景中,身临其境地感受奋斗的力量(如图 3.13)。学生在 4D 打造的场馆中,与 359 旅的官兵一起架炉炼铁、自制工具,一起向当地有生产经验的农民和南方来的官兵学习水稻种植、纺织的知识和技巧,感受南泥湾大生产时期的科学技术创新。从无到有、从有到优的体验中,学生更好地理解了"红船精神"中的奋斗精神。

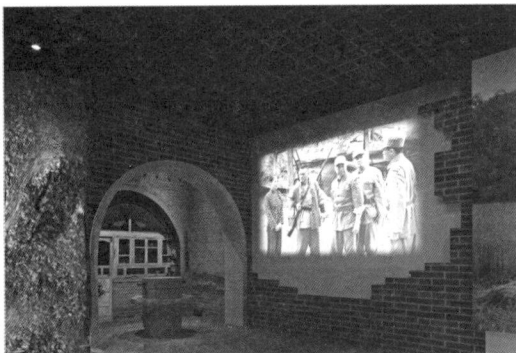

图 3.13　南泥湾 4D 场馆图

2.开放与共享:线上资源融合

(1)开放的学习平台

线上媒体平台是运用红色文化资源普及"红船精神"教育的战斗堡垒。学校结合当地红色文化资源,建设以"红船精神"为专题的网站——蕙学空间站(如图 3.14),开发一批融合思想性、知识性和趣味性的特色网络栏目——蕙视频、蕙图文、蕙阅读、蕙自游等,宣传推广富有红色文化的爱国主义教育内容。网站内不仅推送以"红船精神"教育为主题的精品文章、微电影、小视频等,还有杭州本地的红色文化旅游景点讯息、线路,有利于形成良性互动,促进红色文化的传承,推动爱国主义教育有效开展。

图 3.14　蕙学空间站

　　同时,学校通过数字电视、电子阅读一体机、手机移动三个端口,将学习平台开放给有需要的师生。数字电视端口满足了课堂上师生的教学需要;电子阅读一体机适合师生远程学习红色知识,结合 VR 技术立体化存储杭州本地红色资源,全景式展示红色基地,沉浸式远程教育;手机移动端口则满足更灵活的学习需求。

　　因线上开放的学习平台具有虚拟性的特点,还需要结合传统的线下教育手段。因此学校在运用线上学习平台传承"红船精神"的同时,也对线下与线上资源进行充分整合,将线上学习平台的便捷性、互动性、参与性与线下爱国主义教育、社会主义核心价值观培育的不同场景结合起来,激发学生以线下体验推进线上传播,打通时间、空间的壁垒,将传统教育、方式与线上学习平台进行对接,充分利用线上学习平台传播便捷性这一特点,提高"红船精神"在学生中的影响力。

　　(2)共享的教学资源

　　为了拓宽教学资源渠道,优化红色教育资源,加强学校之间的交流与合作,学校对蕙学空间站的技术进行升级优化,将交流范围扩大至省内外学校,实现了远距两端的资源共享。

　　从学生角度看,学生在蕙学空间站的学生端中获取来自校内外的"红船精神"学习资源,支持在线提问,查看教师回复和作业点评。阶段学习后,学生可以在平台查询自己本阶段的评价,了解自己未来的努力方向。

从教师角度看,教师可以通过开放的蕙学空间站共享与"红船精神"有关的教学资源,进行集体网络学习、调研与备课,搭建学校丰富的"红色教育"资源库。除此以外,学习平台的开放性会促进学校资源库进一步升级为本地云资源,实现校内、校际资源共享,如精品课程视频、现场参观解说视频、精品多媒体课件、题库中心等。

3.互动与创造:线上远距联动

学校基于全球网络化连接而构成一种新型社会生活和交往的空间。依托虚拟的平台进行延展性的拓展,通过远程连接与信息网络,如360度虚拟全景游览、远距课堂、远程直播解说等将红色基地的功能在虚拟网络场中得以扩大,发展多维学习场的开放性、共享性和便利性。

尤其在课堂中,学校运用智慧教室和多种智慧教育软件打造智慧的红色课堂,实现一对一课堂或群组课堂,同时利用即问即答、实时反馈、及时诊断的精准教学,甚至可以实现一对多、多对多的同步课堂,课堂上教师可以将红色资源、学习课件实时分享给多地的学生,实时问答,实现跨地域的生生互动、师生互动,提高"红船精神"的传承效率,扩大宣传面。

而钉钉智慧校园平台的直播功能,可以实现远距直播,优化家校之间的远距沟通,将"红船精神"的教育效果辐射到家庭教育中。借助直播功能与移动手机端,学校实现了随时随地远程游览红色基地,打开直播接收端可以360度全景体验,同时可以听到学校小讲解员的细心介绍,与小讲解员线上连线,针对红色基地与"红船精神"交流更多内容。学校还联合杭州图书馆少儿分馆进行红色阅读直播活动(如图3.15),通过微故事、分享阅读手册等方式将红色教育辐射到社会中。

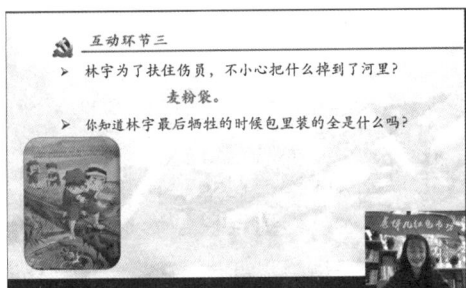

图3.15 "红色印记—重温长征故事"直播截图

(三)充满活力的文化空间

学校要建设有利于"红船精神"教育的文化空间:让红色文化犹如空气,无处不在;犹如雨露,"随风潜入夜,润物细无声";犹如磁场,聚集所有的因子和元素;犹如精神,成为师生的信仰。在文化空间的建设中,地域文化、理念文化、课程文化、活动文化的建设尤为关键。学校致力于营造一个涵盖整个校园的育人文化场,通过构建物理空间,依托虚拟网络场,无限向外辐射,使育人文化场发挥德育、美育等功能。

文化空间是无形的,无限的,它作为实体红色基地和虚拟网络的延伸,发挥着独特作用。它是心灵的熏陶,思想的渗透,精神的感召,力量的传递。我们力求将学校建设成为具有红色文化底蕴的场所,让蕙美少年于校园的每一角每一处都能感受到文化场域散发的浓厚红色文化底蕴,实现价值的同化和感情的和谐(如图3.16)。

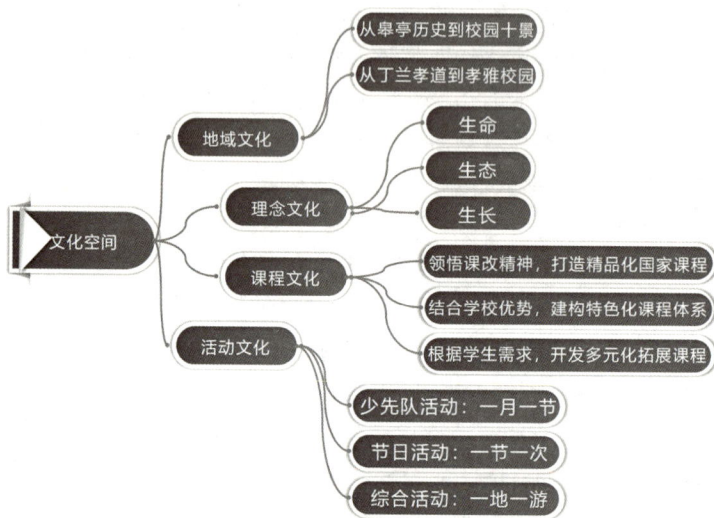

图 3.16　文化空间建设

1. 打造文化空间:地域文化

地域文化丰厚了"育人文化场"建设的底蕴。对地形地貌的尊重、对地域文化的解读与传承,是"环境育人"理念下校园设计的地域化表达。校园设计一方面通过场地设计结合功能布局等方法对环境特点进行分析,另一方面从地域文化的角度出发,融入带有地区特色的历史与传统。

丁蕙实验小学坐落于皋亭山脚、上塘河畔,地处孝子丁兰故乡,紧邻千桃园、龙居寺等风景名胜,具有得天独厚的地域文化资源。学校深度挖掘传统地域文化,并将其转化为有用的红色教育资源。

（1）从皋亭历史到校园十景

地域文化丰厚了"文化空间"建设的底蕴。学校将宝贵的地域历史文化资源注入学校中,打造"秦王鞭石""石罄寸金""王蒙山隐"等校园十景(如图3.17),引导学生以史为镜,在富有教育意义的历史故事中学习"首创、奋斗、奉献"的"红船精神"。

图 3.17　校园十景掠影

例如在"秦王鞭石"处,学生可以通过扫二维码了解其背后的典故,并以此石忆此事,以此石警示自己要如同"秦王鞭石"一般鞭策自己,认真努力,艰苦奋斗,朝着心中的学习目标奋勇前进。

学校有意识地挖掘地域红色教育内容,引导红色教育的发展方向,超越空间,无边辐射,超越时间,古今相应。

(2)从丁兰孝道到孝雅校园

学校借助地域优势,将丁兰宝贵的孝道文化注入校园文化之中,打造了以"孝雅"为主题、以奉献为核心的红色校园,形成独具特色的丁蕙文化,弘扬学生的奉献精神。

学校以静态孝廉文化展示为基础,制作了孝廉文化长廊(如图 3.18),并用富有诗意的名字为楼宇命名,设置孝义体验区,定期进行孝廉宣传。学校还开展动态活动引导学生践行孝廉,每年一月以孝廉为主题的"云超市孝廉活动",配合德育处开展孝雅文化少年队系列活动。其中"小孝星·大爱廉"活动因深入家庭获得一致认可。

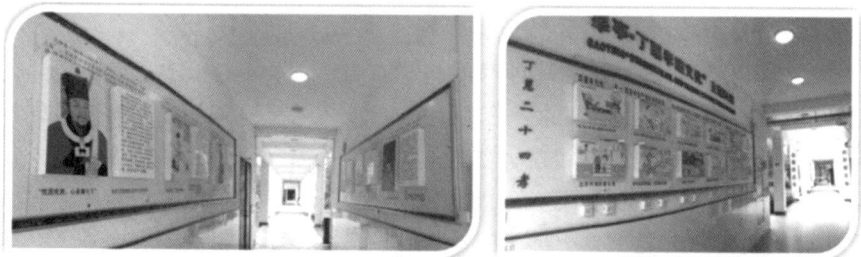

图 3.18　孝廉文化长廊

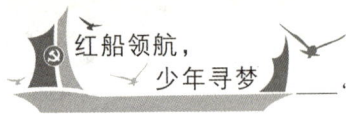

2.打造文化空间:理念文化

理念文化是文化空间的核心和灵魂,是学校发展的精神动力。根据"红船精神"以及地域特色衍生的"三生理念"是我校红色文化空间建设的根,其具体内涵包括:以生命为基础,以生长为目标,以生态为支撑。"生命"教育是基础,意图让教育回到原点,让教育首先聚焦在孩子的生命体,满足生命的需要,并领悟奉献背后的价值高度。"生长"教育是目标,让学生在自然成长的阶梯上走得踏实、稳健、长远,在百折不挠的奋斗中茁壮成长。"生态"教育是支撑,开发学生生态化、生活化的多元思维角度,引导学生学会用创新的思维思考生活,用创新的方式珍惜生活。以此为核心支柱统领文化场域,在课程文化、地域文化、制度文化等方面进行不断拓展。

3.打造文化空间:课程文化

课程文化支持"育人文化场"建设的发展。学校遵循课改精神,应"红船精神"传承需要,根据三生理念、地域文化及学校实际情况,整合资源,发挥优势,建立课程文化体系,开发一系列精品课程,持续推进"校本化、多元化、特色化、多维化"的具有丁蕙特色的红色课程体系。学校将空间作为一种重要教学因素纳入课程中,形成独有的空间课程。生命与健康、艺术与审美、语言与人文、品德与修养、科学与探究五大课程群的建立,旨在培养具有"思本源·致良知·应时需"的核心素养和"红船精神"的学子。

(1)领悟课改精神,打造精品化国家课程

按照国家要求和"红船精神"的内涵,学校根据学生学习水平和学习层次的差异,对国家基础性课程内容进行整合,打造更符合学校学情的精品化国家课程。学校还通过选择、改编、整合、补充、拓展等方式,对国家课程和地方课程进行再加工再创造,使之更符合学生、学校的特点和需要。同时,根据不同年段学生实际发展水平以及不同学习能力学生的发展需要,学校对教学内容进行重新整合,建立课程内容的分层分类体系,在六年内形成学校特有的教学模式。

(2)结合学校优势,建构特色化课程体系

学校改革育人模式,结合自身的地域文化、校本资源,开发与实施具有活力的特色校本红色课程,最大限度地发挥课程的整体功能。学校根据所处的地域文化以及现有的智慧教学设施、场馆资源,结合现阶段学生的发展需求,通过整合教学资源,在五大领域开发《生命教育》《蕙美听赏》《三色生活》《科技创新》《儿童文学》《童心蕙园》《孝廉课程》等主题式的特色课程。

(3)根据学生需求,开发多元化拓展课程

学校传承"红船精神"的课程主要分为三类。一类是以少先队课、每日

之声和红心晨谈为主的常规红色课程,六年内三个校区已开设80个左右的课程,并规范课程管理。两类拓展课程双管齐下,并驾齐驱,让每位学生都在提升综合素养的同时,深刻体会"红船精神"的本源与内涵。另一类是以一月一节、红心队室、初心学院为媒介的拓展性课程,由教师根据学生对本课程的兴趣及习得过程进行选择形成。三个校区已形成各自特色,具有比较成熟的红色拓展课程。第三类是借助研学、家校协同和小队活动展开的实践性课程,将所知所学的"红船精神"外化为传承的行动。

4. 打造文化空间:活动文化

学校充分依托红色基地,积极开展丰富多彩的校园文化活动,让校园处处散发红色文化底蕴,形成良好的文化氛围。这不仅能够浸润学生的心灵,促进他们形成思考本源、唤醒良知、应对时需的意识,进一步培养高尚的思想道德品质,还能引导教育的发展方向,超越空间,无边辐射。

(1)主题活动:一月一节

学校创造性地提出"蕙心向党"文化品牌,把"红船精神"教育观贯彻到教育的全过程,构建了"116"(第一个"1"指的是传承一种精神;第二个"1"指的是每月一个主题节;"6"指的是主题节中安排符合六个年级的不同活动)育人体系,将爱国主义教育的根本任务落到实处。自从"蕙心向党"文化品牌成立,学校每月组织主题少先队活动,如科技月、阅读月、孝廉月。学生在主题化的活动中传道德习善行,传文化习新风,传变化习振兴。爱党、爱祖国的种子在学生的心田悄悄生根、发芽。

(2)节日活动:一节一次

一个成功的节日活动,其影响力往往超过活动本身。学校抓住每一个节日的教育契机,组织形式多样的节日活动,宣传"红船精神"。具体举措有以下几点:一是做细做实传统文化节日活动。我国传统节日有春节、元宵节、清明节等,每个节日都有着悠久的历史和特殊的文化内涵。学校以"我们的节日"为主题,以各校区年级为单位,开展传承弘扬中华优秀传统文化活动。二是做亮做新重大纪念活动。中国人民抗日战争胜利纪念日、国庆节等重大纪念日,学校都要开展纪念活动。2021年适逢共产党成立100周年,各校区开展了丰富多彩的庆祝活动。以"品红色经典,做有志少年"为主题,从低段到高段依次组织"红色人物·我来画""红色经典·我共读""红色角色·我来演""红色作品·我来写"一系列特色子活动,不断将红色教育推向高潮(如图3.19)。三是做优做精主题节日活动。学校每年开展四大节日活动,即"蕙智"科技节、"蕙乐"维也纳艺术节、"蕙乐"体育节、"蕙爱"孝廉节。

图 3.19 "红色经典·我共读"活动照片

（3）综合活动：由内到外

"由家至国"是爱国主义教育的现实路径。第一,学校充分利用校内平台组织综合实践活动,例如组织学生在录音亭中寻找红色学习资料进行学习、录音、配音、分享。第二,学校挖掘杭州的社会红色文化资源,发挥其文化价值和教育价值。利用春、秋两季研学时间,组织学生走进社会中的红色教育基地,或者举办学军活动,使他们从小了解家国社会,熟悉家国文化,树立起对民族和国家的高度认同感和文化自信,进而产生爱国情怀。第三,学校鼓励学生利用寒暑假的时间走出去,感受祖国山河的壮美和社会的飞速发展,不断激发学生对祖国、对家乡的热爱之情。

优美、整洁的红色校园不仅给学生和老师提供了良好的学习、工作和生活环境,而且给人以艺术的感染、美的享受和奋斗的动力。同时,学校借助各种红色资源,开展各项活动,对学生进行爱国主义、行为规范、道德品德等"红船精神"的教育和熏陶,充分发挥了红色育人的作用,使师生无时无刻不感受到积极向上的红色文化熏陶。

二、"红船精神"传承的学校制度保障

丁蕙实验小学在各项管理制度上进行了改革创新,构建了"金字塔"式学校治理蓝图（如图 3.20）,创造了一套跨校区的智慧化管理模式,以创建"家庭—学校—社会"三位一体育人机制为塔基,以创新学校管理制度工作为塔身,以"蕙美"少年培养体系、学生核心素养培养为塔尖,层层递进,达到生本教育的最终目的。

学校采用校级领导全面辐射,分线管理。辐射面虽广,但管理半径太大,各校区空间、时间的跨度带来了许多管理上的不便。为此,学校进行了

精细化改进,建立科学的管理系统,并在管理实施过程中利用智慧化设备提升管理效率,让教师也能有"轻负高质"的体验。同时,积极做好后勤保障等工作,让管理层、教师、学生等能全身心地投入工作和学习,营造一个良好的氛围。此外,为了完善学校、家庭、社会联动育人的长效机制,丁蕙实验小学着力建设家长学校和少年科学院,加大家校沟通力度。

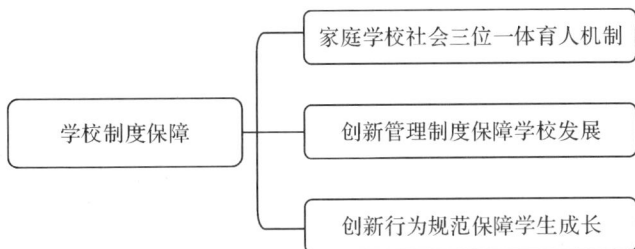

图 3.20 三位一体育人机制总体架构

(一)制度建设:"家庭—学校—社会"三位一体育人机制

1.理论与研究:"家庭—学校—社会"三位一体的构建目标

教育需要全社会的共同参与。一个学校的发展离不开学校的制度建设合理性、教师的教学规范性和学生家庭的配合以及社会的长久支持。为了发挥教育的最大优势,必须打破学校与家庭和社会的界限,以家庭为基础,学校为主体,社会为平台,将"家庭—学校—社会"三者有机结合,努力构建"三位一体"的育人体制,共同以学生的健康发展和为学生提供良好的教学、生活环境为目标。丁蕙实验小学在建立三位一体育人机制时坚信并遵循以下几个方面原则:一是构建以学校教育为主的沟通渠道,实现学校教育与家庭教育联动,二是构建以家庭教育为主的参与途径,让家长更加信任学校,依赖教师,才能更好地与学校教育保持高度一致,三是构建以社会教育为主的服务模式。只有学校、家庭、社会三方联动、三位一体的教育才是真正意义上的教育。

家庭、学校、社会对学生的成长起到不同程度的作用,并且它们的作用不是单向的,而是相互影响的,既可以相互促进,也可以相互制约。学校与家庭、社会的联系程度,直接影响学生的发展。学校只有加强同社会、家庭的联系,加深对社会情况和学生校外生活的了解,加强与社会、家庭的配合,依靠各方面的力量对学生共同施加良好的影响,才能对学生的身心发展起促进作用。

在新教育命运共同体背景下,丁蕙实验小学与浙江师范大学合作办学,学校已经成为院校合作的教育共同体的新标杆。在"三生"理念的指引下,学校为学生们打造了体验式生本课堂，让学生充分享受幸福教育；同时，学校结合区教育局"以标为纲、以生为本、以学为主、以导为方"的"四为"教育方针，全面提升学子的"优雅生命""自由思想""责任担当""文化教养""品质创新"五大核心素养，发展受益终身的品格与能力。

2. 探索与实践："家庭—学校—社会"三位一体育人机制的组织架构

丁蕙实验小学"家庭—学校—社会"三位一体育人机制（如图 3.21）体现在学校建设的方方面面。在区级家庭教育专家讲师团的指导下，丁蕙实验小学成立体验式家庭教育工作坊、家长学院，借助专业教师和培训团队的力量，帮助家长意识到家庭教育的重要性。与此同时，学校通过一系列体验式课程的培训，帮助学生家长掌握正确的家庭教育方法。我们还利用全区中小学生社会实践基地资源及丁蕙特色红船学习场、初心学院，系统开发社区教育课程。

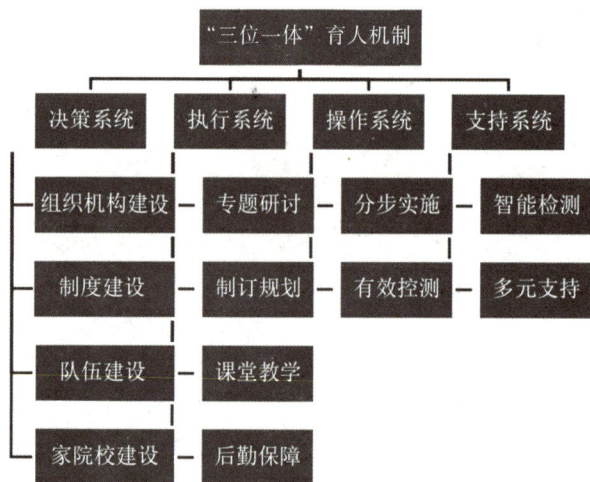

图 3.21 "三位一体"育人机制

学校组建覆盖"学校—年级—班级"的家长委员会，为家长参与学校教学和日常运营管理提供有效的组织平台。学校希望借助家委会这一平台，与家长展开更加直接、有效的沟通，协调各方利益，推动各项家校合作活动的高效实施。与此同时，学校鼓励家长委员会对学校教学、管理等方面提出有益意见，推动学校的进一步发展。

学校联动街道、社区居委会等社区组织，开展学生心理健康教育和干预工作，还充分挖掘学校所在区范围内的文化资源、高校资源以及公益资源，系统开发"走进社会大课堂"的社会实践课程，以丰富红船课程体系的实践基地。

丁蕙实验小学"家庭—学校—社会"育人机制全方位保障学校各项工作的正常开展。学校的组织运作分为四个子系统:决策系统、执行系统、操作系统、支持系统。该系统有效运作,以保障"家庭—学校—社会"三位一体育人机制的正常运行。

(1)决策系统:组织健全,职责明确

"家庭—学校—社会"三位一体育人机制运行需要学校进行有效的管理,而在学校组织管理运作中,一个有效的决策系统至关重要。"家庭—学校—社会"三位一体育人机制的组织构架以校长为第一责任人,统筹"红船精神"课程的总体目标和开发走向,从理念引领、内容架构、技术保障等方面确定"红船精神"课程体系的架构和设计,同时结合专家指导以及家长支持形成定期诊断。

①组织机构建设:

组　　长:沈建华(校　　长)

副组长:胡鹰翔(书　　记)

郑　雯(副校长)

方文广(副校长)　　王春英(副校长)

郑小丰(校长助理)　　杨燕燕(校长助理)

组　　员:全体教师、学生及各个家庭

②制度建设:完善"红船精神"课程体系创建和之后运作的相关制度,并在实际操作中不断加以完善,如红船课程管理制度、红船课程考核制度、红船课程评价制度等。

③队伍建设:完善学校红船博物馆创建和红船博物馆特色学习项目的师资队伍建设。加强学校红船博物馆特色学习项目开发团队建设,形成教师、外聘教师、高校、社会人士共同开发的多元格局。同时依托教研组,注重培训,制定学校项目开发、开设培训制度,采取专家报告、同伴研讨等多种形式,定期组织一些专题研讨活动,激发团队开发红船特色学习项目的兴趣,提高学习项目的开发和实施能力。

④家校院配合:作为浙江师范大学附属学校,充分利用与高校互通共赢的良好契机,设立家长学院,组织开展一系列社区活动,保证家庭、学校与社会合力保障三位一体教育平台有序进行。制订具有红船校本特色的活动项目,办好让家长放心的学校、让社会满意的学校。

(2)执行系统:群策群力,保障执行

学校完善"层层推进"执行系统以辅助与支持决策的有效实行,确保红船课程的有效实施,保障"三位一体"育人机制的推进。

①专题研讨:学校组织各类"家庭—学校—社会"三位一体化专题研讨活动,包括"红船精神"学习场的创建、学习整合、有效管理三大类,其中包括:"红船精神"文化场浸润式营造,红船博物馆特色学习项目的开发、实施、评价、高效运行保障与评价诊断等。同时学校邀请社区、家长群策群力。学校上下,家校之间,社会之中,在研讨中碰撞,在研讨中发展,共同促进"三位一体"育人机制的高效运行。

②制定规划:丁蕙实验小学在创立初期就确定学校未来五年的教育教学实施内容和重点项目。无论是德育与文化、课程与教学,还是安全与后勤,都希望将"三位一体"合作教育网络的建立作为提高教育整体效益的重要战略加以部署。其中,德育与文化教育工作的部署要求中强调建立家校互动平台,实现学校、家庭的双向沟通。同时,学校建立健全家长委员会组织机构和联席会议制度,借助制度化渠道,发挥家委会在学生教育和学校发展中的重要作用。充分利用学校所在区域范围内各种文化教育场所、基地以及社区教育资源,动员学生及家长积极参与社区各类文化和公益活动,走近社区,走近公益。同时,将红船课程推向社会,在活动过程的体验中,增强社会责任感,培养公益心。

③课程教学:学校在现有课堂教学课程体系的基础上,结合地域资源优势,完善社会实践、素质拓展类课程,如充分利用浙江师范大学高校资源,开展高等教育和基础教育系统的共建课程项目,与周边公益机构、企业以及社区建立长期伙伴关系,积极拓展学生参与社会实践的体验空间,借助传统体育项目的课程训练,让学生在练习传统技艺的过程中,修身养性、拓展综合素质。此外,为了有计划地、高效地推行家校合作,学校在"家庭教育讲师团"专业力量的指导下,积极获取对儿童家庭教育有用的知识和方法,增加家庭教育课程的实用性、吸引力。

④后勤保障:安全、后勤以及心理健康教育工作方面,不仅要求学校加强自身现有教育资源的开发与利用,还要积极挖掘社区、家庭的安全教育资源。通过在社区范围内开展安全知识宣传、疏散演习以及技能培训等活动,学生及其家长在真实场景中增强了自我安全意识。心理健康教育活动的开展,要求学校和班主任方面加强与各街道、居委会以及学生家庭之间的联系,将心理健康教育、心理辅导以及心理救助活动置于学生所处的社区和家庭成长环境。

(3)操作系统:分步实施,有效推进

在"三位一体"育人机制的组织运作系统中,操作系统最为关键,是组织运作的核心,也是检验平台是否高效运作的实践标准。学校稳扎稳打,按照顶层精准化设计——组织梯队化建设——活动多样态实施——成果多形式呈现——组织可持续发展的顺序分步实施,有效推进三位一体育人机制的运作。

三位一体育人机制操作系统的基础层是学校的场馆、设施及教学模式的创新化。学校通过打造实体博物馆,培养学生的核心素养,激活学生的无限学习力,让学习和探索可以发生在任何地方,通过特色化课程培养学生的能力,潜移默化地促进了家校沟通。学校与社区、院校积极沟通,创新发展智能化虚拟网络场,成为孩子们有效学习的支持和拓展。学校积极倡导社区活动、院校间合作,努力构建良好的校社关系,为孩子们提供良好的学习环境。与此同时,学校设立家长学院,定期进行家校沟通,努力营造良好的家校关系。丁蕙实验小学家长委员会采取校级、年级、班级三级委员会结构。在主动参与、有效参与、深度参与理念的引导下,家委会发挥支持教学工作开展的作用,促进家校合作信息交流平台建设,监督家校合作项目有效实施,为学校管理运营献计献言。

(4)支持系统:智慧监测,多元支持

"家庭—学校—社会"三位一体育人机制的有效实施离不开学校多方位地开发支持系统,以智慧化、科学化手段为辅助进行监测与评估(如图3.22)。

在红船课程的推进中,学校建立科学指标体系,学校领导班子成员牵头,联合学校各管理部门,积极做好后勤保障等工作,给管理层、教师、学生、家庭及社区之间的关系营造了一个良好的氛围。

图3.22 智慧检测家校社联动图

针对教师队伍年轻化的特点,建立小班化实施过程中的长效奖励机制,调动教师参与小班化教学研究的主动性;建立师资培训长效机制,满足不同学生的需求,培养小班化教学模式下的"全能"型教师;完善促进学生发展和教师学习项目开发实施能力不断提高的监测和评估机制,明确掌握三位一体育人机制的运作实际情况,定期做出反馈和评价。

同时,学校聘请有能力、愿意服务的家长进校园共同参与管理校园,参与决策学校空间重构的发展大计,完善学校、家庭、社会联动育人的长效机制。建设丁蕙实验小学的家长学校和少年科学院,加大家校沟通力度,如开办家庭教育专场、开办家长学校、成立校级家委会、奖励模范家长等。

(二)管理创新:创新管理制度,保障学校发展

1.创新与发展:学校教育方式的革新

学校在各项管理制度上进行了改革创新,构建了"金字塔"式学校治理蓝图,创造一套跨校区的智慧化管理模式,以校园文化、教育科研、团队建设、后勤保障、多校区教育治理等常规工作为塔基,以智慧教育模式、三生课程、家校联动、教师体系建立等特色工作为塔身,以"蕙美"少年培养体系、学生核心素养培养为塔尖,层层递进,达到生本教育的最终目的。学校积极做好后勤保障等工作,让管理层、教师、学生等能全身心地投入工作和学习,营造一个良好的氛围。完善学校、家庭、社会联动育人的长效机制。建设丁蕙实验小学的家长学校和少年科学院,加大家校沟通力度。

(1)优化课堂环境

丁蕙实验小学在原有的传统课堂以外又打造了创新型三维教育空间,重构学习场,做三生教育,创智慧学校,在丰富多彩的活动中坚持培养学生良好的习惯。同时,学校充分考虑学生全面发展的需要,提升学生对生命的珍惜敬畏之心和自我防护的能力,促进学生身心的健康发展。学校培养学生大方、自然的言语表达,承担优良品质的传承,培养学生

图3.23　丁蕙学校育人体系之学生核心素养

发现美、体悟美和创造美的本领,传递孝行廉洁的公民意识,培养学生健全的人格素养,拨动好奇之心,培植探究意识,培养动手能力,让学生做有德行,有人工智能时代素养与内核思维,有系统思维、首创思维、判断思维,有着在知识经济时代掌握处理信息的能力、自我控制的能力、自我选择能力的新时代红船少年。

基于此,学校的"红船精神"践行以培育"思本源·致良知·应时需"的蕙美少年为目标,即培育具备"优雅生命、学习创新、文化教养、社会担当"品质的少年,建构了一套完整的具有丁蕙特色的育人体系(如图3.23)。

(2)培养蕙美教师

没有一流的师资,就没有一流的教育。对于任何教育类别而言,教师都是第一资源和教育发展的基本保障,教师也是推进三位一体教学平台构建的基础资源,也对家庭教育和社会教育起到了推动作用。丁蕙实验小学优

化教师队伍结构,初步形成一支"以老带新,以新助老"的教师队伍,以"师徒结对"的方式互帮互助,初步形成一个成熟的管理团队,用有效的制度服务教师队伍,以达到服务三位一体教育平台构建的目的。

学校把教师专业素养提升作为深化学校课程建设的关键抓手,持续推进"卓越教师成长"工程,激发学校课程建设和办学育人的创新活力,让研究学生学习、促进学生发展成为教师的专业自觉(如图3.24)。同时,聘请有关课程领域的全国领军专家对开发课程进行评价诊断,解读亮点、发现问题、反馈改进、跟踪

图3.24 丁蕙实验小学卓越教师促成长

指导,帮助学校和教师对课程成果进行提炼升华,完善教育人才管理体制,全面打造"博爱、优雅、智慧、创新"的"蕙美"教师团队。同时,丁蕙实验小学创新教师专业发展进阶机制,进一步拓宽研训渠道,丰富研训课程,打造"精于学科、善于合作、钻于科研"的高素质专业化教师队伍,基本实现丁蕙教师智慧化转型,即人人是智慧型教师。同时,建成5个名师工作室,市区级骨干教师占教师总人数40%,研究生学历教师占教师人数70%。仅2019年,就推出了30位教师育人的典型经验和创新成果。只有这支教师团队越来越优秀,在不断的磨炼与成长中转型创新,教师才会慢慢从传统教学者变为学生思维的触发者。

(3)建设体现时代特色的校园文化

学校要建设好的文化空间,犹如空气,无孔不入,无处不在;良好的文化空间更体现了学校校园精神。在文化空间的建设中,理念文化、地域文化、课程文化的建设尤为关键。一所好的学校,正需要这样先进的理念文化去引领学校发展。

丁蕙实验小学的办学理念是"三生教育"。由教育理念衍生出校标"天人合一图""人地天"三元素,"人法地,地法天,天法道,道法自然",中间是"人"。

有了学校的理念文化,明确了培养的核心素养,还是不够的。丁蕙实验小学上有皋亭山,下临上塘河,北有千亩桃花源,历史文化底蕴丰厚。既然拥有这么丰富的地域文化,何不汲取历史精华,让每一个孩子都深深地浸润在孝廉美义之中呢?于是我们的校园文化便呼之欲出,老师们都自发地为学校打造校园十景。走进学校大门,三生石坐落在一片绿荫中,迎面而来的

是五千年的皋亭文化。再走近些,黄鹤山樵亭默默诉说着悠久的故事,满树繁花伸展到墙外,斑斓的花瓣散落在唯美的水中央,是校园,亦是家园。学校每一寸土地都聆听着师生的脚步,条条走廊都讲述着历史上的丁兰孝道的经典故事。皋亭望远楼、上塘问渠楼……我们的孩子眼里、心里都在诉说着一个又一个的美丽故事。

借助文化优势,学校将宝贵的历史文化资源注入校本课程之中,打造了以"孝雅"为核心的校园文化,形成独具特色的丁蕙文化。老师们以静态孝廉文化展示为基础,制作了孝廉文化墙,设置孝义体验区,定期进行孝廉宣传。学校还开设了"云超市孝廉课程",配合德育处开展系列孝雅文化少先队活动;每学年定期开设"黄鹤山樵"艺术文化节……开办第二年,学校承办了区"廉洁文化进校园"的开幕式活动,学校精心举办的"小孝行·大爱廉"活动获得了社会一致好评,有效地推进校园廉洁的实行。此外,因茶祖便在皋亭,我们的老师立刻衍生开去,设立了三生课程、茶道课程、运河课程等特色课程。有了文化的支持,无论是行政班子、教师还是学生,学习的氛围都变得浓厚了,学校的发展也有了源源不断的动力(如图3.25)。

科技博览馆

初心学馆

图 3.25 丁蕙实验小学特色场馆

2.沟通与信任:学校与家庭相结合促进家校互动

家庭教育一般是指家庭中的父母及其他成年人对未成年孩子进行教育的过程。儿童早期教育的重点是以品德教育为主,即培养孩子良好的道德品质和养成良好的行为习惯。而最早的教育往往是源于家庭的。家庭教育发生在家庭之中,与学校教育、社会教育相比较,具有早期性、感染性、及时性特点,这些特点使家庭教育成为教育人的起点与基点,具有其他教育所没有的优势。

为了保证家长能够有效参与学校教育过程中,使家庭教育与学校教育良好融合,丁蕙实验小学专门成立覆盖学校、年级和班级的家长委员会,组织家长会,设立家长开放日、家长讲师团、家长志愿者团体,通过家长与学校的共同参与,加强家长与学校之间的合作交流,实现互利互赢。以家长委员会的组织为例,作为家长和社区成员直接参与学校教育管理的一种组织形式,家长委员会在监督家长履行职责和权利、加强合作关系以及改进学校教育工作质量等方面发挥了重要作用。家长及社区成员通过家校沟通这一平台能够更加全面、深入地了解学生在校接受教育的情况,充分实现家长对于子女教育的知情权。此外,对于学校开展的教学及管理活动,家长委员会成员享有监督和参与评估的权利。学校相关部门从家长委员会获取到信息反馈后,根据学校的实际情况,进行问题甄别与改进工作,进而有助于学校教育管理工作的提升,全面推进家校合作的顺利进行。

3.携手与共进:三位一体教育平台的策略运用

(1)政策宣传策略

正确的认识是有效实践的前提。学校、家庭与社区共同参与的三位一体合作教育模式作为一种全新的现代教育模式,无论是教师、管理人员,还是关注学校教育发展的学生家长和社区人员,他们对这种教育理念或者教育模式都缺乏全面深刻的理解。因此,丁蕙实验小学在全校推行"三位一体"合作教育模式之前,都会通过各种途径积极地向包括教师、学校管理人员、家庭以及社区组织和成员在内的所有主要利益相关者宣传"三位一体"合作教育相关政策。例如,请来区教育专家为学校管理者和全体班主任开展知识培训和专题讲座,在学校官网上公布学校合作教育长期规划,在每学期开学初的家长会上,面向全体家长尤其是新生家长宣传学校的合作教育目标、任务以及具体实施计划,以及重点针对家长委员会成员开展相关政策学习活动。通过上述形式多样的政策宣传,主要利益相关者认识到了合作教育工作的必要性和紧迫性,在合作共识理念的指引下,积极主动开展各类合作教育活动。

(2)任务分解策略

长远的战略规划不仅仅是影响学校合作教育发展的重要纲领性文件,对于合作教育具体实施工作来说,更为重要的是将整体的战略目标结合学校自身的教学管理任务,分解为一个个详细、具体的阶段性目标,这将有助于战略规划的实施者在目标的引导下更好地完成合作教育阶段性任务。丁蕙实验小学为了确保合作教育工作按步骤、有计划地推进,在学校总体发展五年规划的基础上,将合作教育工作与学校未来五年发展目标相结合,制订出每一年度的工作任务清单,并通过加强自我评估工作,了解每一年度家长和社区参与学校教育工作的具体情况,及时发现政策实施中出现的问题,在下一年度的工作计划中加以改进。

（3）德育引领策略

丁蕙实验小学确立以德育引领合作教育的全面实施。首先，优良品德的形成是青少年德智体美劳全面发展的基础；其次，品德教育具有更高的合作黏性。因为青少年价值观念、行为规范的形成，不仅需要通过学校教育加以引导规范，还需要家庭教育和社区教育潜移默化的影响，三者缺一不可。围绕学生形成的合作教育关系，相对于智能、体能、审美以及劳作教育来说，德育具有更高的黏性。丁蕙实验小学积极践行德育引领合作教育，形成以"文化育人、课程育人、实践育人、合力育人"为核心的工作模式，促进学生全面健康发展。

（4）能力培训策略

一项具体的家校合作项目的顺利实施，与参与各方的素质能力都有密切的关系，家长和教师的合作能力影响合作的实际效果。因此，丁蕙实验小学为了更好地开展各类家校合作项目，对教师、家长进行专业的培训，提升他们的合作能力。针对家长开展的能力培训，主要借助家长学校这一组织形式来开展，学校组织专门的力量，配备专门的培训教师帮助家长改进教育方法，传授相关的心理健康知识，此外，还会通过开展定期的经验交流活动，实现学员彼此间的能力提升与互助。家长学校不仅是学校针对家长群体实施培训活动的平台，其自身也是家长参与学校教育的一种关键形式。家长通过参与培训课程，获取正确家庭教育知识与技能的同时，也与教师、学校以及其他家长建立了良好的合作伙伴关系。

（三）行为规范：创新行为规范制度促进学生成长

1. 规范与准则：健全小学生行为规范体系

教育专心于未来。教育是若干年后什么都去掉，留下的积淀——真善美。因而行为规范养成教育是关乎孩子一辈子的教育。小学阶段是人格陶冶最重要的时期，凡人生之需要、习惯、倾向、态度，多半在这个时期养成，以后只需继续地培养下去，自然成为社会的优良分子。培养少年儿童良好的行为习惯，是保证其健康发展、可持续发展和终身发展的基础，是在为未来奠基。

时代迅猛发展，我们必须用新的视角来看待、研究学生日常生活与行为规范养成教育问题。德育教育已提升到学校教育的核心地位，而作为德育教育最基础的内容——小学生日常行为习惯养成教育越来越受到重视。《中国教育改革和发展纲要》强调学校"要重视对学生进行中国优秀文化传统教育，对少先队员还要注意进行文明行为的养成教育"。抓好日常生活与行为规范养成教育，是落实素质教育精神的时代要求，也是重中之重。

　　"习惯",是指人对于某种刺激的"固定性反应",久而久之形成的类似于条件反射的某种规律性活动。习惯不是与生俱来的,它是在生活中形成并逐渐稳固下来的。著名教育家叶圣陶先生说"什么是教育,简单一句话,就是要培养良好的习惯",同时,中国青少年研究中心的专家孙云晓指出"习惯决定孩子的命运"。养成教育,一般指少年儿童的道德品质和行为习惯的养成和教育。从广义上说,养成教育是对人的心理素质和习惯的养成教育,对学校而言进一步加强日常行为习惯的养成教育,促进学生身心的健康发展是很有必要的。

　　孔子曰:"少成若天性,习惯如自然。"小学生日常行为习惯的养成教育是促进少年健康成长的教育,是奠定精彩人生基础的教育,是促进学生终身发展的教育。在学生的养成教育上,我校积极探索,大胆实践,努力把学生行为规范养成教育落小、落细、落实。为此,我校制订了详细的学生养成教育计划,着力规范学生的各项行为。

　　(1)健全制度,规范约束

　　小学生正处于良好行为规范养成的最佳时期,需要教师持之以恒的长期训练才能养成。丁蕙实验小学建立和健全小学生日常行为养成规章制度,靠制度去约束学生的行为。学校和教师要结合小学生守则、小学生日常行为规范等制度,再制订自己班级的养成教育计划、行为规范养成制度和班级考核实施细则,将这些细则人手一份,并要求学生记熟,学生按照细则要求认真执行,用这些细则制度去约束自身的日常行为。我校每个班级都有极具特色的班级文化建设,每个班级制订相应的班级规章制度,学生们在班级规章制度、学校规章制度、小学生行为规范守则的约束下茁壮成长。

　　(2)规范日常,严格训练

　　有了健全的日常行为规范养成实施细则,教师就要从学生日常生活的一点一滴抓起,用这些制度去规范学生的日常生活。教师和班干部要严格抓制度细则的落实,也可以采用全班学生轮流值日员去检查督促每个学生的日常行为规范,对学生日常行为规范从小就要严格要求、严格训练。学生每天的检查都要有详细的记录,每日公布检查情况,对于优秀的学生及时表扬鼓励,对于待改进的学生及时提醒批评,用量化评比的办法,每周小结,每月评比,评出先进和落后人员。到了学期末,这些记录将成为班级评选蕙美学生、优秀干部等各种先进人员的重要依据,这样就把学生的平时表现、养成情况与期末评优联系起来,督促学生自觉遵守规范要求。

　　(3)抓住重点,正面激励

　　小学生日常行为规范养成涉及学生日常生活的方方面面,在这些要求中教师要抓住养成教育的重点进行培养。我校制订了相应内容,这些内容

主要包括：培养学生的责任感，培养学生对自己、他人、班级负责的意识，有了责任感能增强学生规范养成的自觉性；抓日常秩序落实，规范养成习惯要从课堂秩序、课间秩序、活动秩序开始抓起，培养学生学习生活井井有条的品质等。在学生日常规范养成教育中，丁蕙实验小学的教师借助模范先进人物、英雄人物等榜样的力量去培养和规范学生的日常行为。

（4）家校共育，制订守则

家校共育，关键在"共"。学校和家庭的互相配合程度，影响着孩子的成长和发展。学校教育是主体，是对学生进行素质教育的最重要场所；家庭教育是基础，是对学校教育的必要补充。首先，老师应当尽职尽责，担负起教书育人的本职责任。同时家长也不应忘记，"父母是孩子的第一任老师"。学校教育不应当由家庭代劳，同样的，家庭教育也不能一股脑儿推给学校和老师。相互尊重、相互包容，家校合作协同育人，才能达到"1＋1＞2"的效果。那些关注孩子情感的交流，关于教育目的的探讨，关乎成长经历的分享等，都能在教师与家长之间架起一座心意相通的桥梁。我校设立家长学院，通过家校互动，确定孩子们在家的行为习惯准则，家校沟通，共育希望。

丁蕙实验小学几年来通过对学生日常行为规范常抓不懈的严格培养，对学生日常行为规范细则的实施与训练，在行为规范方面已经取得了非常满意的效果。通过对学生日常行为规范养成教育，不难发现：学生良好行为规范的养成，是一个"教育、落实、深化"不断循环反复的过程。"教育"是基础，要把道理讲清楚，让学生听明白。"落实"是关键，把行为规范落实到日常行动上，教师必须要有耐心、有恒心，它不是一蹴而就的事。"深化"是提高，它是向学生自律、自我约束转变，是更高层次的规范养成。

2. 发扬与创新：构建蕙美少年（火炬铜奖）培养体系

（1）确定"蕙美"少年素养目标

核心素养是学生在接受相应学段的教育过程中逐步形成的适应个人终身发展和社会发展需要的必备品格和关键能力。围绕着教育要"培养什么人、怎样培养人"这一重大问题，基于我校"生命、生态、生长"的三生教育理念，我校建立了培养以优雅生命、自由思想、文化教养、社会担当、品质创新为核心素养的"蕙美"少年培养体系，通过设立"蕙自治"学生自理中心，"蕙美班级"月评比等活动不断优化学校的制度文化。学校开展"蕙智"科技节、"蕙乐"维也纳艺术节、"蕙乐"体育节、"蕙爱"孝廉节等丰富多彩的校园文化活动，提升学生素养，让校园处处散发文化底蕴，形成良好的文化氛围，打造具有学校特色的文化空间。

学校积极实行课堂教学的变革，改变传统课堂教学模式，提高教育教学质量,不断推动学生核心素养的落实。

(2)打造"蕙美"少年培养工程

学校将核心素养作为智慧教育体系的基点和核心,充分利用"信息高速公路""教育物联网""TEAM Model"①智慧教育软件等信息技术手段打造智慧课堂;实现 IES 系统②下即问即答、实时反馈、及时诊断的精准教学,形成 TEAM Model 之教学、评量、诊断和补救等四大 e 化服务下的智慧课堂模式;实现"TEAM Model"电子书包学习系统下的一对一教学或群组教学,将教育的本真回归到学生健康成长和个性发展的轨迹上,促使学生的核心素养内化,成就自己。如果把社会和家庭的影响作为外因,那么学生本身所具备的核心素养就是内因,是学生成就自己的关键力量。学生成就自己美好的未来,都必须要把握自己成长和发展过程中反映"非智"的方面。这种"非智"的不断沉淀和内化,对自身的成功乃至成就具有非常重要的影响。为此,智慧教育更需要从微观层面考虑人的培养问题,注重学生的个性化发展。

设置学能卡。学能卡是一种学习能力的综合体现,是一种多维学习的评价方式,是大数据时代下的一次教学尝试。学能卡学生评价体系以"优雅生命""自由思想""文化教养""社会担当""品质创新"五大核心素养作为评价基础,以三维空间和特色学习场作为孵化场,以现代信息技术作为支撑,以智慧手段收集大数据提效,整合学校的多种评价方式,从不同阶段、不同维度评价,体现学生多方面的能力。根据学校的学风"蕙"雅、"蕙"思、"蕙"行、"蕙"美,分别设立"蕙"雅少年、"蕙"思少年、"蕙"行少年、"蕙"美少年。"蕙"雅主要注重德,也就是文明品质;"蕙"思主要注重智,也就是思维创造;"蕙"行主要注重体,也就是行动能力;"蕙"美则是注重综合素养。学能卡从德智体美不同维度对学生素养进行评价,并通过建立学生的电子学能档案,记录点滴教育历程。

(3)设计"蕙美"少年评价体系

通过每月评、学期评、学年评等三评五奖形式,对学生进行激励,培育全

---

①醍摩豆(TEAM Model)智慧教室是基于 HiTeach 智慧教学系统而成的智慧教室,也是 AI 智慧学校的基础组成单位。醍摩豆(TEAM Model)智慧教室从课堂中的"教"与"学"出发,完美整合课堂中所需的各项软件、硬件以及云端、AI 人工智慧、大数据等各项服务,无须繁复的操作,就能帮助老师和学生达成现代化课堂的理想境界,翻转传统教学现场。

②IES(Instructional Expert System)是醍摩豆高度整合云端技术与资源的运作平台,老师利用 IES 智慧教学服务即可统整智慧教室教学各阶段所需的教学资源,包含学生名单、教学教材、题库、校本课纲、课堂笔记、评量成绩、课堂影片等,并可根据学生的课堂互动数据,产生学习历程、成绩与诊断分析报告。

面发展的"蕙美"少年。通过校级特色章、兴趣章以及区级章等争章活动，五年内力求培养区火炬银奖少年不少于5名。通过搭建"德育课堂""主题德育系列活动""校园文化建设""学生实践活动""德育网络"五大平台，推进学生培育工程。落实德育视导工作，以学生行为规范为抓手，通过形式多样的主题体验活动，保证学生参与率达到100%，并积极推进十大"蕙美班级"的打造。

三、队伍建设：三位一体统整化

（一）以德育人：优化教师分工

少先队组织是学校进行核心价值观教育的重要阵地，加强和促进少年儿童和少先队的工作与发展，是促进少年儿童健康成长的现实需要。少先队组织教育的核心内容与要求是通过管理和组织少先队活动，对少年儿童进行思想引导，培养起组织意识、组织观念、组织情感和服务组织的能力，以实现少年儿童通过其自身的组织来接受教育与自我教育的目的。少先队工作德育功能的体现与辅导员密不可分，辅导员是做好少先队工作的基础。少先队辅导员是少年儿童亲密的朋友和指导者，是少先队各项工作和任务的具体实施者，是我国未成年人思想道德建设队伍的重要组成部分，也是实施素质教育的重要力量。少先队辅导员应具备以下素质：一是基本素质，包括思想创新、品德高尚、知识广博、技能全面；二是能力素质，包括文体活动、组织协调与创新发展能力；三是职业素质，包括思想政治素质、道德风范、性格特征、心理品质、知识结构和多方面的能力；四是专业素质，包括具备专业精神、明确工作职责、树立密切联系队员群众的民主作风。辅导员一般由学校教师兼任，根据其能力和职责划分为大队辅导员、中队辅导员、校外辅导员。学校采取德育导师制度，优化教师分工，形成全员育人的良好模式，发挥教师的德育功能。

1. 旗帜引领：强化德育功能

大队辅导员是学校德育工作重要的实施者和执行者，担负着组织在校学生积极参与少先队的活动、并促使其健康成长的任务。大队辅导员的工作既要求大队辅导员能够从学生发展的现实出发，认真做好实际工作，又要求大队辅导员能够着眼于学生发展的长远未来，不断提高组织活动和管理的水平。

大队辅导员要坚持以队员为本，尊重队员的成长规律和教育规律，不断提高自身思想道德素质和业务素质，积极履行好大队辅导员的主要职责。在"红船精神"的弘扬与传承中，大队辅导员应当作为一面旗帜，引领中队辅

导员及少先队员做好"红船精神"阵地建设,调动队员的力量,利用学校资源,努力使"红船精神"阵地发挥自身辐射、整合、凝聚、育人等独特功能。同时,大队辅导员应当根据"红船精神"引领,积极组织统筹各类活动,组织中队辅导员安排小队活动,在实践中加深学生对"红船精神"的理解,传承"红船精神"。

大队辅导员作为学校活动的引领者,还应当完善职责制度,规范少先队管理,提高育人效率(如图 3.26)。现阶段大队辅导员与中队辅导员的分工仍不是非常明确,辅导员往往兼任其他教学工作,影响德育工作的推进。

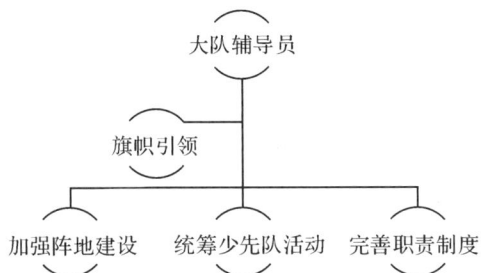

图 3.26 大队辅导员职能

2.与时俱进:创新中队特色

少先队工作占据着不可或缺的地位,在整个教育过程中,它也发挥着基础的教育作用,而要开展少先队工作与一个特殊教师群体——少先队中队辅导员有着密不可分的联系。少先队中队辅导员是少先队工作的主力军,是少先队组织不可或缺的重要组成部分。少先队中队辅导员还是少年儿童成长发展的指导者,要引导队员主动去辨别对与错,培养队员良好的品德和行为习惯。

中队辅导员还肩负着对少年儿童进行思想意识、道德品行以及政治教育的重大任务。这就要求中队辅导员具备优秀的政治素养,以身作则,培养少年儿童形成高尚的道德品质。中队活动是对队员进行思想品德教育的基本途径,中队辅导员根据学校德育工作的方案,组织开展与"红船精神"相契合的丰富多彩的活动,让学生在主题活动中进行实践,体验和感悟"红船精神",通过活动加深学生的精神领悟,全面了解红色事迹,提升思想认知。同时,中队辅导员应积极组织主题队会活动。主题队会活动是对学生进行"红船精神"教育的一种重要形式,各中队应该按计划按时举办。主题队会的举行,能够让学生了解具体的内容,在参与队会的同时受到"红船精神"教育。

中队组织是学校少先队必不可少的组成部分,是少先队员每天学习、生活在一起的最基本的场所。中队文化是中队的一种风尚、文化传统和行为方式,它作为学校文化的重要组成部分,直接影响着学生在中队中的生活质量,影响着学生的个性发展水平。因此,中队辅导员应根据大队部"红船精神"领航方案,创设与之贴合的富有班级特色的中队文化,有效发挥少先队辐射功能、整合功能以及育人功能。中队辅导员以"红船精神"引领,根据班级学生的特点,指导中队学生讨论、确定中队名称、中队理念等,突出中队的亮点,使中队在弘扬"红船精神"的宗旨之上,充溢浓郁的中队文化,发挥环境育人、特色育人、文化育人、活动育人的优势,培养少先队员的"红船精神"(如图 3.27)。

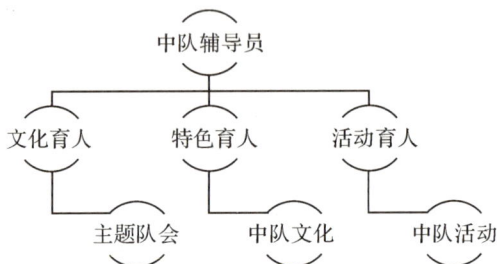

图 3.27　中队辅导员职能

3.模式创新:提升辅导艺术

德育工作是教育根本,德育工作一般由教师来实施。学校应加强德育教师专业队伍建设,增强教师基本专业技能,提升教师辅导艺术。而当下,学校品德教育仍然存在德育目标太笼统、德育内容太宽泛等问题,德育工作效率低下,为更好地传承"红船精神"带来困难。因此,我们应采取切实有效的德育模式来解决当然学校德育所面临的问题。

德育导师制是一种以个别指导为基本方式的对学生的德育培养模式。小学德育导师制是在教师都是德育工作者的德育意识下形成的一种小学德育制度,目的在于促进每一位学生全面、个性、健康、可持续地成长。在小学德育导师制实施过程中,针对小学生的个性差异,导师与品质或心理方面需要关心指导的学生进行互动,形成教导与受导的双边关系。在具体指导中,小学德育导师通过小学德育导师工作记录袋、小学德育成长档案袋等形式记录对受导学生在生活、思想和心理等方面的指导、帮助。小学德育导师的承担者主要是各任课教师,除自身原因不适合做小学德育导师外,人人都是教育者。这样可以做到一位小学德育导师只需指导一名或几名学生,真正落实"教书育人",能够对学生进行"红船精神"思想的指导与宣扬。

德育导师在整合资源、传递"红船精神"的过程中,应当具备正确的育人理念,尊重学生的主体地位。德育的主体是学生,德育导师应当关注学生各异的品德发展水平,关注每位受导学生的个性特点,关注其自身的真正需求,激发学生的能动性,使受导学生能够得到针对性强的有效的品德发展指导,使得人人都能够理解"红船精神",做"红船精神"的积极传承者。德育导师还应注重自身的专业素养,不断提升专业态度和方式。在实施德育活动时,要以专业的态度、视角和方法进行辅导;要给予多一些的人文关怀,用爱心和真诚关爱引导学生,做学生的朋友,增强德育效果;为学生建立成长德育档案,了解学生的基本情况,发现学生的不足,找到促进学生发展的方法。

(二)合力并进:重视校外力量

在素质教育不断推进的新时代,学校德育的发展亟待学校与家庭双方的协同,二者只有形成合力共促进教育对象全面发展,才能达到真正理想的教育目的。家庭教育与学校教育作为社会教育的两条基线,相互促进,不可割裂(如图 3.28)。

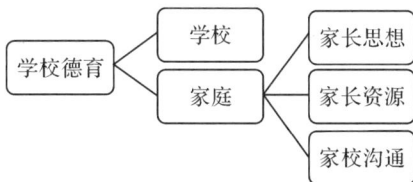

图 3.28 学校德育的基线

苏霍姆林斯基曾指出,家庭与学校缺一不可,缺少了哪一个都无法担负起塑造人、改造人的伟大的任务。最科学完善的方式是家庭教育与学校教育实现完美结合。家庭教育对一个人的成长起着重要的作用,它是学校教育和社会教育的基础,而作为家庭教育的施教者或关键引导者的家长,其作用越发重要。要重视家长的力量,发挥家长在教育孩子中不可替代的作用。

1.认知统一:加强思想文化建设

人的任何行为活动都是受大脑支配的,也就是思想观念决定行为改变,思想观念的转变是推动家校实践发展的主要动力。在合力促进家校合作的过程中,家长观念的转变和思想认知的提升有着非常重要的影响。家长是孩子的第一任老师,孩子每天与家长生活在一起,家长的举手投足、一言一行,都对孩子起着潜移默化的作用。因此,我们有责任要唤醒家长作为教育者的自觉,家长应该以身作则,从言行举止方面给孩子正面的教育。

家长应当强化教育责任,增强教育主体的观念。学校作为主要的育人场所,其工作的有序开展需要学校管理人员、学校教师、受教育者以及家长等多方力量的协同推进,应当让家长参与到学校管理中。对学生而言,家庭

教育是基础,学校教育起主导作用。家长要增强自身的责任意识,在思想品德的培育上担起更多的责任。"红船精神"的培育仅仅在学校是不够的,学生还有一半的时间是在课堂之外,因此,课堂之外家长也应当增强对孩子"红船精神"理念的灌输,通过跟孩子讲述红色故事、参与活动实践等方式营造"红船精神"的氛围。

家长应确立全面促进子女发展的观念。现代社会对年轻一代的身心素质要求不断提高,家庭教育的作用日益明显。家长除了关心孩子的身体健康和学习成绩,还要配合学校向他们传授生活与科学知识、学习技能,培养孩子的高尚品德和审美情趣,为其全面发展和走向社会奠定良好基础。在现代弘扬和传承"红船精神"的氛围下,家长应当不断提高自身对于"红船精神"的认知,在孩子关于"红船精神"产生疑惑时可以及时引导,同时增强与孩子的互动交流,从而加深对于孩子的"红船精神"教育。

由于家长的言传身教对于学生具有潜移默化的影响,因此家长们应接受良好的家庭教育培训和参与教育管理的课程以完善自我知识教育体系,以更好地配合校方安排的各项教育任务,积极配合学校教育实践活动,全身心参与到子女的学校教育和家庭教育中,以实现家长参与学校管理的核心目标。因此,首先要对家长进行思想观念教育,不仅要引导和督促其履行好家长的责任和义务,还要使其主动参与到学校管理中,使家庭教育与学校教育相互促进,共同提高。此外,"红船精神"的宣扬是所有的社会成员要付出努力的。通过家长学校,开展"红船精神"相关的系列主题讲座,增进家长对于学校"红船精神"阵地建设、活动实施等的了解,提高对于"红船精神"的正确认知,从而更好地教育孩子。

2.资源整合:发挥主人精神

作为德育的主要场所,学校德育承载着培养学生良好道德品质的使命。随着课程改革的深入,传统的德育模式已经无法适应新时期学校德育的要求。校本课程的提出,为改善学校德育现状提供了新思路,也为家长参与德育课程建设提供了可能。家长资源对于校本德育课程建设来说是一项丰厚、宝贵的资源,它所具有的生活性、便捷性、多样性等特点,可以在一定程度上弥补学校德育资源的不足,成为整个德育资源不可或缺的内容。

家长资源是一种教育资源,能够协同学校一起为学生提供成长机会,其中包括:信息资源,如专业领域的知识、为学校提供的服务于学生成长的人际关系帮助等;物质资源,指家长为学校提供的一些有形的物质帮助,如教具、活动需要材料等;人力资源,如在班级活动中家长协助参加,协助学校管理等;财力资源,比如家长出资为学生提供学习、活动的经费。开发利用家长资源,可以改变学校德育在形式和内容上的单一性,从而使德育课程地点不局限于课堂,内容选择不局限于教科书,方式和方法上更加灵活多样,由此促进学校德育方法的转变,从而提高学校德育教学质量。

教师在交流沟通过程中要善于发现家长的综合资源,对其进行合理运用,对家长进行正当的理论教育,使家长认识到不同职业、不同性别、不同特长对孩子的教育意义,在肯定家长工作的同时,对家长配合学校的工作进行适当的表扬和鼓励,合理利用家长资源,使家长参与到班级建设中。首先,教师可通过家长信息表建立家长资源数据库,将与"红船精神"课程相关的家长资源信息进行汇总,成为"家长资源数据库",以便在需要的时候能够挖掘合适的家长资源或邀请家长共同参与"红船精神"的课程。同时,鼓励家长为学生提供物质资源和精神资源,举行"红船精神"主题队会等,家长可以协同孩子把家中可以提供的材料带到班级,增强学生的"红船精神"意识。除物质资源外,还有必要的精神资源,家长可以寻找家中或者周围可参考的与"红船精神"相关的故事、事迹等,为学校德育提供精神支持。

3.密切沟通:创设家校和谐教育

家校沟通,是建立学校与家长联系的一种重要形式,同时也为现代学校制度建设提供更广阔的合作空间。2012年初,教育部为推进现代学校制度建设发布《依法治校——建设现代学校制度实施纲要(征求意见稿)》。纲要指出:"家校沟通在建立健全中小学家长委员会制度中有重要意义,建立良好的'家校沟通'关系,不仅有利于家庭与学校形成合力,而且有利于学校各项工作的顺利而卓有成效地开展,家校沟通应该是基础教育改革的一部分。"家校沟通是指家庭成员与学校教育者关于学生的学习、行为、思想等做出的信息交流,力争为学生的教育提出更好的方式。

从立足于人的全面发展要求来看,家长和学校对学生的关注内容应该更加全面,从重知识转向重德智体美劳、身心发展、兴趣等方面的协调发展。家长和老师在家校沟通时,应该将学生其他方面的发展纳入重视的范畴,在家校沟通中对各个方面都应该给予一定的交流时间。家长和老师应该将学生的全面发展作为家校沟通的目的,而不仅仅是重视成绩,应重新树立对家校沟通的认识,让家校沟通为实现学生的全面发展起到重要的作用。

教师和家长要转变教育观念,更新家校沟通观念,从根本上认识到家校沟通的重要性,增强对家校沟通的重视程度。教师要规划好家校沟通时间,鼓励家长积极参与家校沟通,拓宽家校沟通的内容层面,不仅仅停留在学生的学习情况上,还应该增加德育、智育沟通等,增加沟通频率,加强沟通的计划性,提高家校沟通的质量,提升家校沟通的有效性。

随着时代的推进,家校沟通不再局限于面对面的沟通,还可以借助新媒体平台,实现双方深度互动和交流。在"红船精神"的德育过程中,教师可以通过视频、音频、图片等多种载体向家长推送展示学校组织的各类活动和学校文化氛围,让家长更好地了解学校动态,了解"红船精神"。家长也可以通过新媒体沟通平台积极发表自己的观点和看法,增进彼此间的了解。新媒体工具在家校沟通中的应用能够提升家庭教育效果,"空中日记"正是家校沟通有效进行的一种体现。家长通过视频、图片、文字等反馈学生在家的活动,让教师了解到家庭教育的实践情况,从而共同促进学生思想品德的发展。

(三)自主能动:队组织相互促进

少先队是少年儿童自我教育的组织,全童入队的目的就是要让每个孩子都能在少先队集体中接受教育,得到锻炼和提高。儿童在集体中,为了完成共同的任务和达到共同的目标,逐渐意识到个人与集体、祖国的关系,并在学习等日常生活中产生爱国主义情感、集体荣誉感、义务感、责任感、正义感等。

少先队是孩子们自己的组织,应该鼓励并坚持让少先队员自己搞活动,自己争进步,自己做事情以及帮助自己的小伙伴。要切实加强少先队组织建设,积极创建大队、中队优秀集体,增强少先队员的光荣感、责任感。要充分发挥各大、中、小队的组织活力,保证少先队小队的活动开展要活跃,中队的活动要经常,大队的活动要规范,不断争取创建快乐的集体、自主的集体、友爱的集体、向上的集体。

1.干部带动:培养自主管理意识

少先队干部是少先队的核心与骨干,是少先队集体的管理者、少先队活动的组织者,更是少先队员的服务者。建设小干部队伍,是少先队组织教育的重要方面,是实现少先队员自我管理、自主创新的重要方法,也是实现素质教育的重要措施。少先队干部是少年儿童思想道德建设的一支重要力量,要正确发挥少先队干部的带动作用,为广大少先队员做好引领。

霍姆林斯基有一个著名的论断:真正的教育是自主教育,是实现自主管理的前提和基础,自主管理则是高水平的自主教育的成就和标志。"少先队自主管理体系"具有群体性、激励性、互补性三大特征,其目的是建立和谐的人际关系,营造互学共进的学习氛围,充分调动学生的学习积极性和创造性,在实践活动中培养队员的社会交际能力,锻炼领导组织才能,表达表演能力,挖掘和发展少年儿童的想象力和创造力,最大限度地挖掘和发挥少年儿童的聪明才智,塑造完美人格。在基层的少先队组织中,少先队干部是少

先队建设的主力军。因此,培养好少先队干部,将大大地推进基层少先队组织的建设。

作为少先队干部要做到以身作则,要求别人之前,首先要求自己、审视自己,做好同学们的榜样和表率,才能更好地管理同学,把同学们带领到各种活动中,让同学们也积极参与。少先队干部应端正态度,树立正确的管理观念,融入同学之中,热情为同学服务,感染同学、调动同学,以实现少先队干部自主管理的目的。

少先队干部要参与日常管理,积极投身到各项集体活动中去,积极组织各项活动,充实少先队活动的内容,丰富同学的思想,提高少先队员的参与意识。对于学校组织的各项活动,少先队干部要根据学生的能力与喜好,给予不同程度的指导和帮助,帮助学生更好地参与各项活动,正确认识"红船精神"。少先队干部要起好模范带头作用,少先队干部首先要做好"红船精神"的认知,规范自己的行为表现,积极宣扬"红船精神",潜移默化中使其他同学受到感染。少先队干部要善于团结学生,在各项活动开展的过程中,虚心听取同学们的意见,了解同学的困惑,并帮助解决问题,和同学建立起良好的感情关系,从而保障活动的顺利开展。另外在管理中,少先队干部要有意识地搞好少先队活动,这既能丰富学生的生活,又能提高学生对于"红船精神"的意识和认知。

2. 队伍架构:发挥中队凝聚能力

少先队组织建设是少先队工作的前提和基础。健全的少先队组织建设有助于锻炼少先队员当家作主的能力,培养少先队员的组织观念和集体主义精神。少先队组织、活动建设要通过中队贯彻实施;少先队特有的教育功能,要通过中队发挥实现。在少先队大队的领导下,学校以班级为主要依托,建立健全少先队中队,民主选举中队委员会,配齐并用好少先队标志,配齐并建设好中队园地和活动阵地。

小队是中队的基本单位,中队建设宜以中队为单位,依托小队来进行。小队组织建设遵循"自愿"的原则,有相同兴趣爱好的队员,以"五小"活动为突破口,选择其中的一项或两项参加,组成小队。小队实行常任与轮流相结合的队干部制度,但不能简单地轮流担任,要采用激励手段,选举愿意为小队服务、并且在"五小"活动方面有一技之长的队员担任队长。

同时要设立中队辅导员、中队长、副中队长、小队长等职位,明确中队组织中各个人员的职责,形成清楚的中队架构,使得中队内分工明确,团结协作。中队辅导员能够有效做好"红船精神"建设的引领作用,少先队队长是少先队的核心和骨干,是帮助辅导员、校长管理中队、学校的重要力量。中

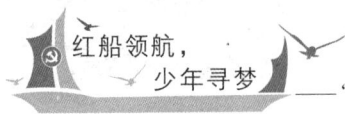

队干部要起好模范带头作用,为中队文化建设贡献自己的力量。

中队建设要充分发挥少先队组织教育、自主教育、实践活动的特点和优势,坚持少先队思想性、先进性、自主性、实践性,全队动员,全员参加,人人可为,常态可为。中队建设要以少先队员为主体,充分发挥少先队干部的组织管理能力,让少先队员在特色中队创建和活动开展中得到充分锻炼、全面发展。

3.潜力挖掘:实现队员自身价值

少先队员是少先队组织的主人,"发现我自己,发挥我自己,发展我自己"是少先队员自主管理的原则。充分发挥队员的主体性,引导他们以主人翁精神构建阵地,努力实现自己的阵地自己管,自己的活动自己搞,并在活动中发挥自己的智慧,使红船阵地成为所有队员茁壮成长的精神家园。主题教育活动要由队员自己发动准备、组织领导、主持开展,充分发挥队员的积极性和主动性,引导队员自己管理自己,自己教育自己。

在中队活动中,特别要注意调动队员的积极性,鼓励全员参与,培养他们的自主意识,让队员以小主人的姿态置身于集体中,不断地完善自己、调节自己,使队员们的积极性、主动性得到最大限度的发挥。这样运用各种活动形式,帮助学生通过自主实践和理性思考,不断提高素质,在活动中发挥主体性,学做小主人。队员是活动的主体,能否充分发挥队员的主体作用是班队活动成败的关键。中队活动应该让队员们自己动手动脑,自己设计、组织、管理,充分发挥全体队员的独立和自主精神。一堂好的中队活动课能让每个队员都"活"起来,让人人都有角色,人人都有任务。中队辅导员是活动的参与者和指导者,但不能包办代替,要把自己精心合理的辅导与充分发挥队员们的自主独立精神有机结合起来,培养队员们的自主性。

中队干部轮流当,是锻炼小主人才干的好机会。辅导员要组织队员讨论怎样当好小干部,中队小主人应有怎样的责任心。认识明确后,要鼓励队员勇敢地参与竞选,演讲当干部的目标与热情,特别要注意调动从未当过干部队员的积极性。轮流当干部,可以给每一位队员提供均等的锻炼机会,让更多的人投入为中队服务当中,发挥小主人的主动性,学会动脑筋,学会团结人,学会管理方法,学会做好工作,逐渐懂得服务集体,体验当小主人的责任感。每次活动前,辅导员要提醒小队分工找资料,互助合作。活动后,以小队是否人人参加、是否团结合作作为讲评重点,及时表扬主动参与、积极准备的人。这些活动的开展,从准备到结束,辅导员都宜做场外指导,不断地激发学生参与,让队员们唱主角。学生在自主、积极的实践活动中会满足自我实现、个性发展的需要,在思想的相互碰撞中,在活动中会得到创新能力的提高,这是单纯说教所达不到的效果。

实践活动是现代教育的重要命题,是少先队教育的本质,也是少先队育人的新途径。我们只有把儿童身上失落的东西——自主还给儿童,把精神生命发展的主动权还给他们,使他们拥有自我选择和自我决定的权利,才能使教育凸显生命的活力,使班级充满成长的气息,才能让我们的教育走向成功,真正实现"今天我能行,明天我更行"。

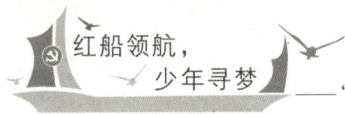

逐梦篇

过程育人："红船精神"课程的校本实施

一、课程体系的类型

精神的弘扬与传承需要教育的力量，落实立德树人根本任务更需要精神的激荡。《中小学德育工作指南》指出，要继承革命传统，传承红色基因，培养学生对党的政治认同、情感认同、价值认同，不断树立为共产主义远大理想和中国特色社会主义共同理想而奋斗的信念和信心。以《中小学德育工作指南》和《中共中央国务院关于深化教育改革，全面推进素质教育的决定》为指导思想，坚持以师生发展为本，通过尊重学生、信任学生、指导学生等手段与途径，让每位学生都感知并理解"红船精神"，并以此为契机，推进"红船精神"进校园落实落细，落地生根。

"红船精神"校本课程开发过程中，筛选、改编已有的相关课程，并构建一些具有校本特色的课程，将本地区、校内外的自然资源、人文资源和社会资源融入"红船精神"校本课程之中，通过改编、补充、拓展和新编等方式开发"红船精神"校本课程。[①] 乡土资源包括社会资源、学校资源、家庭资源三个方面；本地区的社会资源包括三大块，即自然地理、人文历史、社会发展；学校资源包括校园环境、教师特点、学生特长；家庭资源包括家长特长、家庭特点、家园环境等。这些内容可以是综合性的，也可以是主题性的。教师根据自己的特长和不同年级学生的特点规划不同的内容，又对乡土资源进行改编、补充或拓展。

知行合一、理论与实践结合，是中国传统文化的重要内核，是自古以来广大学人士儒的优秀品质，也是学校教育教学的重要方法和路径，人民教育家陶行知就一直致力于推动教育的知行合一。学习科学和心理学相关规律表明，道德的养成、信念的确立仅靠知识的灌输和理念的教授是不能完成的，需要经过"知、情、意、行"等阶段，只有亲身经历和体验，才能有深刻的理解，才能更好地促进预期的教育效果。因此，要确保广大中小学生更加自觉

---

① 张志松，黄化."红船精神"史学探源及其教育实践研究［M］.杭州：浙江大学出版社，2014：139—141.

和广泛地弘扬和传承"红船精神",就必须坚持理论与实践结合。我校一共设置并开发常规课程体系、拓展性课程体系以及实践性课程体系这三大课程体系,"红船精神"校本课程的实施与发展需要这三大课程体系的统筹协调,系统推进。

(一)常规课程体系

学校着力推动"红船精神"进课程、进教材、进课堂,构建以"红船精神"为主题的校本课程体系,开发适合青少年心理特点和成长规律的各学段"红船精神"专题理论教育教材。我校依托"红船精神"专题教育教材,立足学校实际,充分开发校本课程体系。紧密围绕立德树人之根本任务,挖掘"红船精神"的教育内涵,根据学习时间段的划分开发了"常规课时:少先队课""短课时:每日之声""特色课时:红心晨读"(如图 4.1),着力培养学生在常规课程中扎实"红船精神"的理论基础,让"红船精神"有形化。

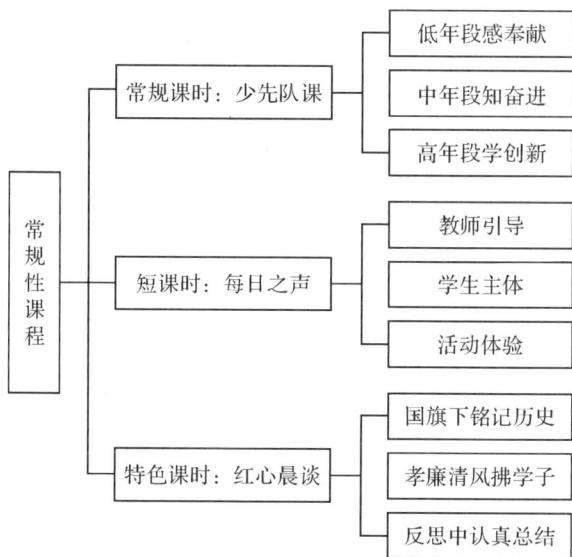

图 4.1 常规课程的课程体系图

1.常规课时:少先队课

"红船精神"进校园,不仅要开展好一些主题宣传活动,更要在日常常规教学——少先队课中加以融合,渗透"红船精神",同时结合人物或情境、主题实践等活动来引导学生正确理解"红船精神"的价值意义。由于孩子们的年龄特点各不相同,因此少先队课的开展也分为低中高年段开展。

(1)低年级感奉献

低年级(1－2年级)的学生刚踏入校门，处于对新环境的适应阶段。熟悉学校的学习生活和作息时间，养成良好的学习习惯是他们的首要任务。这时的孩子生活自理能力差，意志力薄弱，学习习惯没有养成，往往学习一些简单的东西就需要花费很长的时间，学会了又会经历反复的遗忘过程。但是他们已经形成了基本的是非观念，而且非常信赖长辈，所以只要我们付出足够的耐心，降低对他们的要求，放慢我们的节奏，拉着他们的小手，陪他们一起走过这一阶段，就会达到预期的教育目标。在这过程中让孩子感悟"红船精神"的"奉献精神"，组织开展相关少先队课，既能帮助他们更快养成良好的学习习惯，也能使他们学习"团结同学、友爱师生、孝敬长辈"等奉献精神。

低年级少先队课开展有"传承雷锋精神，凝聚红色力量""感恩母亲感恩生命""清明祭英烈，薪火永相传""红十字让世界充满爱""弘扬孝廉礼仪，争做文明好少年"等，这些少先队课主题都围绕着"奉献"二字展开，教师可以根据低年级学生的特点，选编培养学生同情心、乐于奉献、敢于付出等心理品质的课程，可以将英雄先烈的感人事迹推荐给学生阅读，并鼓励学生每学期利用班队活动课和校园艺术节的机会，选取喜欢的童话故事自由组合进行编排和表演。教师通过观察学生在剧中的表演，来判断学生的心理状况，并采取相应的教育对策。

(2)中年级知奋斗

中年级(3－4年级)是个过渡期，它既是所学知识的转折期，又是班级中出现优秀生和后进生两极分化的关键期。这一时期，他们所学的知识比低年级要系统化，难度也在逐步加深，老师对他们的要求逐步提高，所学习的科目有所增多。这一系列的问题，使一些生活、学习习惯不太好的孩子难以应付。具体表现为成绩差、行为习惯不好，造成他们自尊心受损、自信心受挫，对学习失去兴趣，对他人失去信任。如果没有得到及时适当的帮助，他们就会成为老师口中的"老大难"，家长心中的"一块病"，这对他们今后的成长极为不利。对于这样的孩子，让孩子感知"奋斗精神"是最好的良药，让他们体会到奋斗的含义，引导传递积极向上的生活态度，给他们一些正面的引导和暗示，帮助他们形成良好的生活和学习习惯是最好的教育手段。

少先队课，其最显著的特点就在于"活动"二字。在少先队课上应当让学生动起来，让学生的手脚和大脑都动起来。良好心理素质的形成源于学生的主体活动。少先队活动课应当采取情境设计、角色扮演、游戏等多种方法，把小学生在学习、生活中遇到的实际问题，能促进小学生人格健康发展的内容等融入各种活动之中，让他们在活动过程中提高心理素质、掌握心理调节的方法和技能,让他们在活动中感知生活的挫折,培养出"奋斗"的精神。

教师通过问题的创设,使学生置身其中,身临其境,形成情感互动、感悟体验的氛围,调动学生积极的情感体验,激发学生的好奇心和求知欲。中年级少先队课就是要提供创设和模拟学生的生活情境,让他们在"实践"中去锻炼,形成敢于迎接生活挑战和乐于奋斗的良好品质。

(3)高年级学创新

高年级(5—6年级)是习惯的形成阶段,包括生活习惯、学习习惯和其他各种行为习惯。随着年龄和知识面的增加,思维方式由具体形象性思维向抽象思维转换,他们具备了初步的辨别能力,对于一些事情有了自己的看法,部分孩子开始出现早期的叛逆现象。对于这一时期的孩子,我们不能一味地要求他们听话,配合成人的计划和想法,不能用简单的方式对待他们。我们要俯下身子,用平等的姿态和他们对话,取得他们的信任,帮助他们寻找适合的学习方法,培养他们积极乐观的情绪,除此之外要鼓励他们学会创新才会收到事半功倍的效果,得到意想不到的收获。

依靠学生的感知、想象和思维等认知活动来达到活动目标,因为小学生天性活泼、好动、感性思维丰富而缺乏理性思维,年龄特点决定了小学生心理健康教育活动课要形式多样,轻松活泼。在活动中,尽量融入音乐、美术、舞蹈、表演等艺术形式,让学生不会感到厌倦、枯燥。

学校在进行少先队课的同时,也应在小学生中开展各种有意义的训练活动和课内外文体活动。例如学生可以利用各种棋类的辅导学习,进行稳定性的心理训练;通过球类、田径、体操等活动,培养学生掌握一些转移情绪、释放压抑、克服自卑的方法,学会幽默和适时地释放不良情绪;组织书法、绘画、演讲、歌咏、板报、社会实践活动等,创造各种机会让学生充分发挥自己的特长和优势,满足学生施展才华的需要,增强自信等。

2.短课时:每日之声

推动学生传承红色基因,"红船精神"校本常规课程开发与实施都能取得较好的效果,在常规课程少先队课中渗透红色教育有助于打破德育课程的专门化、知识化和灌输化,具有诸多优点,但少先队课时会有时间上的限制,一周一课时的安排量远远不够。鉴于此,短课时的实施有其必要性,红色基因传承既具渗透性,又具集中性、科学性。

每日之声的核心课程是"1+1"的教学模式(如图4.2),每周有两天开展每日之声核心课程的内容。其中第一天以"感受体验"作为主要方式,教师根据学生选择的结果搜索、制作、整合相关视频,让学生通过真实事件或者故事感受体验；第二天则以"互动式"交流为主，让孩子们自主交流，畅所欲言。最后，将这种新模式发展成为每周一个主题、每月一个系列的具有系统性完整的教育模式。

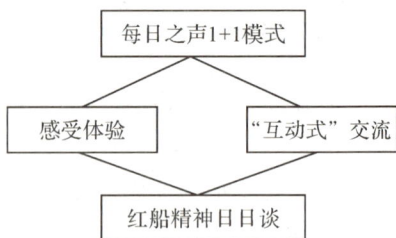

图4.2　每日之声1+1模式图

（1）教师引导，"红船精神"润泽至脑

每日之声核心课程的创新首先需要老师、学生以及家长在观念上进行转变。第一，在概念上将每日之声"课程化"，加强教师和学生对于晨谈的重视。许多教师都认为15分钟时间较难开展教学活动，这种观念致使每日之声从根本上无法有效率地实施，而教师的观念也会影响学生。第二，在实施方式上，应该从"教师讲"转变为"学生感受"，这并不是要取代教师的作用，而是将传统教师谈话中教师的"讲授"作用提前到准备阶段，教师提前将每日之声内容预设好并且电子化，内容则要注重选择那些避免说教、更偏向"感受"为主的教育内容，让学生在学习的过程中多了一种学习的方式，从而提升学生学习的新鲜感（如图4.3）。第三，加强教师心理教育的水平。德育的开展归根结底是对学生的心灵教育。而心理健康教育的实施与学校"智慧教育"相结合，这需要教师进一步地提高自己的自身素质和能力水平。普及教师的心理健康辅导能力，并定期展开培训；对于所编写的电子教材进行心理学方面的分析，使之符合低段儿童的心理发展特点，并且通俗易懂、效果深入；加强教师对于心理健康教育理论成果的研究，基本做到每位教师对于孝廉晨谈核心课程有所想、有所悟，并落实成论文、课题等。

老师们需要主动学习一些短视频的录制、编辑、上传以及一些网站使用、管理等技术。有了技术方面的保障，每日之声资源包就可以迅速充实起来。教师根据预设内容可以在互联网上寻找相关电子文本、视频，并且将其整合在一起，成为某一个教育主题的应用资源，再通过学校德育活动的要求使之成为具有连续性和延展性的教育资源。

（2）学生主体，"红船精神"感知于心

每日之声在形式上应更加强调学生的自主性。"微课堂"的提前预设使得学生的自主活动具有一定的范围，在这种条件之下，教师可以完全将自主权教给学生，让学生自主选择学习的方式。是互助性的还是

图4.3　教师利用每日之声时间谈话

自助性的,是游戏形式还是交流形式,主动权都在学生手上,教师仅仅负责组织(如图4.4)。

常规课堂采用教师引导、学生为主体的学习模式,利用电子教材让学生进行感受体验,再利用学生互动式小活动进行交流,一些小任务可以合作完成,拉近学生之间的

图 4.4 学生利用每日之声时间自主探讨

距离,让学生受到教育的同时还可以锻炼实践能力。

本课程不进行常规考试,主要通过表现性评价的形式,通过考察、争章进行课程反馈,积极调动学生参与的积极性。

(3)活动体验,"红船精神"践行在身

2014年4月9日,我校举办了"小孝行,大爱廉"教育展示活动,这是江干区"廉洁文化进校园"的开幕式(如图4.5)。

此次活动以孝廉知识普及为主线,分静态和动态两部分展示"孝"和"廉"。静态是以校园文化的方式呈现的,孝廉在校园里被演绎成一系列故事。从校园到教室,每一面墙壁都在说"孝",每一支粉笔都在写"廉";"新24孝标准"体验区,孩子为自己的孝行打分;教室变成一间间孝廉体验馆,说着孝子丁兰、清官苏轼的感人故事。孝廉在丁蕙校园无处不在,深入人心。

而动态则以节目演出汇报的方式展现,依次上演了微课、微节目和微论坛。感人至深的《烛光里的妈妈》,让舞姿演绎感恩;微信问答互动,探讨时下热门话题——"家校绿色交往";变幻多端的沙画配上声情并茂的演讲,带来视听

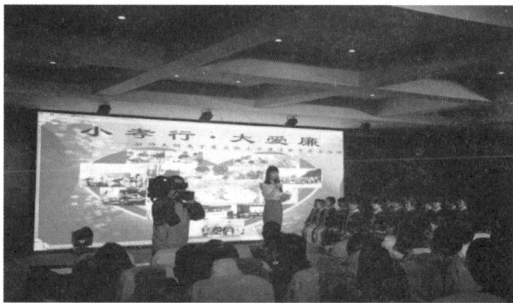
图 4.5 小孝行大爱廉

的双重震撼;还有一群穿越而来的童子,让《弟子规》动感十足;家长也走上舞台,作为校园廉洁的有力推手。此次活动与当下倡导的廉洁之风无缝对接,是廉洁进校园的真实再现。

3.特色课时:红心晨谈

晨谈的时间尽管仅为短短的15分钟,但却是一天学习的开始。传统的晨谈模式以教师谈话形式为主,如果我们运用"红心晨谈"的新模式,好好把握这15分钟时间,让学生通过云端资源观察学习、实践学习,进行身心的洗

礼，使之成为一种"德育微课堂"，这对学生而言是一种更好的教育模式。

红心晨谈核心是一种充分发挥学生主体作用，而又体现出现代化教育成果的系统化的教育模式，它在形式上改革、在内容上创新，是让学生以新的视角来主动参与的课程化的新型晨谈。

(1)国旗下铭记历史，激励奋斗拼搏

如果没有共产党打下祖国江山，如今也就不会拥有如此和平稳定的生活，倡导红色文明，继承红色精神，是作为一名少先队员必须要做的事情。通过不断地整合红色教育资源，增强红色教育的针对性和实践性，将红色精神融入现实生活中，同时不断地创新红色教育的方式方法，将五星红旗的教育价值发扬光大，利用好每周一的升旗仪式时间，进行"红船精神"教育，一定能够将红色精神的继承践行到底，一辈一辈永久地流传。

国庆假期期间，我校开展了"我是小小护旗手，我和国旗同框"活动，队员利用假期积极参与"我与国旗同框"活动，少先队员佩戴红领巾，与国旗合影(如图4.6)。

伴随着清晨的朝阳，迎着凉爽的秋风，2020年10月12日上午，丁蕙实验小学全体师生，举行"向国旗敬礼，争做新时代好少年"升旗仪式，并开展以"少先队，光荣的组织"为主题的国旗下讲话。

71年光阴，国家的无限关怀和深情嘱托，为少先队事业指明

图4.6　我与国旗同框

了前进的方向。新时代的少年儿童在党的阳光下苗壮成长，前进的脚步愈发坚定有力，胸前的红领巾愈发鲜艳。

(2)孝廉清风拂学子，弘扬奉献精神

红心晨谈虽然只有短短的15分钟，但是老师们在德育教育园地给全体同学上了一堂特殊而有意义的红心晨谈，对小学生进行廉洁教育。

说到"反腐倡廉"，似乎和小学生毫不相干。事实上，每次晨谈时间，老师都将廉洁内化于生活、内化于校园。廉洁教育意义广泛，大到贪官污吏，小到窃取别人的财物。对于小学生而言，在清晨短暂的15分钟里，他们明白了做人要诚实守信的道理，不能像贪官污吏(孩子口中的"坏人")一样，通过非法渠道窃取老百姓的财物，倘若自己不经别人同意，考试、写作业抄袭，无异于和贪官污吏一样可怕。季然同学在老师的廉洁教育课之后，回家迫不及待地和爸爸妈妈分享自己学到的廉洁小故事，并写下了《文强的末日观后

感》。其他同学也纷纷用手抄报表达自己对廉洁的理解(如图4.7)。

图4.7　老师带领学生制作孝廉小报

想为学者先为人,"立德"是"为学"的前提,老师结合学校的"生命、生态、生长"的教学理念,展开活动。少部分家长有些不理解,认为小学生以学习为根本,大人世界不宜过多参与,过多了解大人世界对孩子的心理有负面影响。但大部分的声音都是:提前了解廉洁故事对孩子品德建设有举足轻重的作用,人的成长需要身心健康,德育建设是一针镇心剂。

丁蕙实验小学秉承"生命、生态、生长"的教育教学理念,春风化雨,让孩子从小接受孝廉文化的熏陶,拥有健全的人格,在德育暖阳的照耀下健康成长。

(3)反思中认真总结,开拓创新进取

每周五的红心晨谈时间就交给了学生们自己,短短15分钟的时间里活动却异常精彩。做好一个月的规划安排:第一周主题报告,第二周好书推荐,第三周和第四周剧目表演。

学生们以《儿童红色主题阅读》为主题,做一场精彩的微报告,与大家分享自己所阅读的革命故事、创编红色故事绘本等一系列阅读实践。

篇篇经典唤起孩子们读书的热情,一本好书就是一个精彩的世界。学生代表用不同的形式为大家推荐了他们喜爱的书籍。"最是书香能致远,腹有诗书气自华",推荐代表们赋予书籍知识的灵动,助推红心晨谈进入新的高潮。

(二)拓展性课程

文化是学校的精神内核,要加强基于"红船精神"内涵的校园物质文化和精神文化建设。将"红船精神"进校园融入校园文化建设的方方面面,高扬"红船精神"风帆,润泽校园文化。我校将"红船精神"物质文化建设纳入学校文化建设的总体布局,创设了"时时受教育,处处受感染"的"红船精神"文化育人环境,并专门开辟"红船精神"主题教育区,建设初心学院、红心队室、红色阅读场馆"蕙伢儿红色书坊",在校园物质文化建设中体现党的诞生

地的独特元素,营造"红船精神"进校园的浓厚氛围。另一方面,我校注重
"红船精神"引领下的校园精神文化建设。推动"红船精神"进校园,使其融
入学校特色发展、文明校园创建和教育教学改革等方面。我校以文化活动
为载体,以学生社团等为阵地,抓住重大节庆日、主题党团活动等契机,安排
组织一月一节等主体性活动(如图 4.8),尝试将情景表演、课题调研、微电影
等新元素融入"红船精神"进校园工作,通过喜闻乐见、生动活泼的形式弘扬
"红船精神",创设良好的校园精神文化。

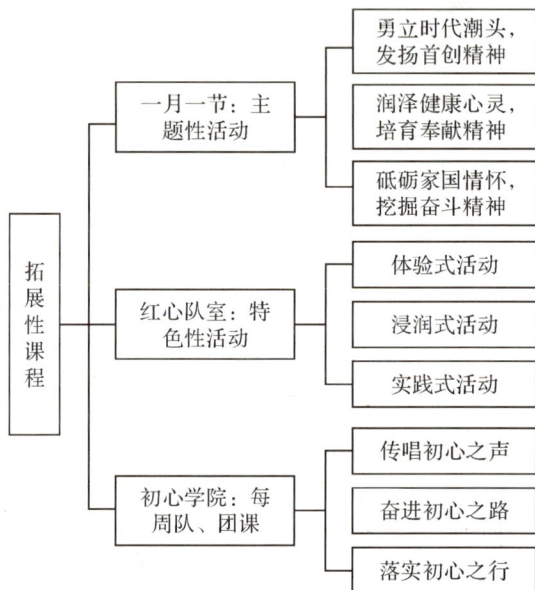

图 4.8　拓展性课程的课程体系图

1.一月一节:主题性活动

首先,利用学校日常学习及生活渗透"红船精神"教育,利用常规课时、
短课时、晨间谈话等形式对学生进行熏陶式的"红船精神"教育。其次,通过
开展多种多样一月一节的主题性活动,渗透"红船精神"教育。值得注意的
是,各年段学生生理、心理、能力特点不同,应当组织适应他们年龄发展特点
的活动。再次,开展红色系列活动,要让学生唱主角。活动以学生为主体,
学生在实践活动中完成了很多有意义的"工作",既陶冶了道德情操,又促使
革命者的精神和品质在他们幼小的心灵中生根发芽。

(1)勇立时代潮头,发扬首创精神

丁蕙实验小学 2020 年校园科技节拉开了帷幕。此次校园科技节,以"相
约红色丁蕙,科技兴校强国"为主题,内容丰富,形式多样,根据不同年级学

生的年龄特点,有序开展了树叶画制作、想象绘画、不倒翁制作、乐器制作、热水器制作、纸桥制作等多项比赛,吸引了全校师生的共同参与,把学生的无穷想象带到了有趣的科创活动中来,不断推动学校科技创新的发展,让科技的芬芳弥漫在整个校园。

一年级树叶画制作:"红心在自然"。金秋时节落叶缤纷,大手牵小手,走进大自然,在泥土里闻见植物的芬芳,在叶脉中探寻自然的密码。红心在自然,共赏祖国景。

二年级想象绘画:"地球家园有什么"。我们生活在这里,也将在这里成长为一代社会主义事业建设接班人。地球家园有什么?小小少先队员们对此有着无尽的遐想。小手执画笔,想象无极限。

三年级不倒翁制作:"红色精神永不朽"。坚强不屈的不倒翁,就像在革命斗争中永不放弃的战士们。他们秉持着执着的信念,以血肉之躯建中国美好未来。

四年级乐器制作:"流淌的红色乐曲"。听,战斗的号角依稀回响,流淌的红色乐曲已悠悠唤醒岁月的回忆。在制作乐器的过程中,体会革命前辈的坎坷艰辛,忆苦思甜,奋发向前。

五年级热水器制作:"创意太阳能未来有温度"。环保节能的热水器是居家生活的新型产品。它有着怎样的产热原理,又是如何被制作出来的呢?小小实验室将进发思维的火花,让我们拭目以待。

六年级纸桥制作:"长征桥心连心"。在长征过程中,有不少桥起到了关键作用。他们是革命精神的象征,是红色文化的承载。

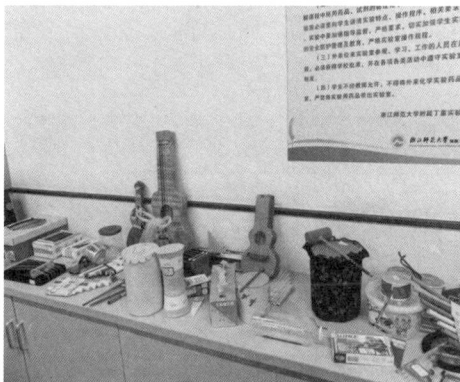

图4.9　科技节作品

忆往昔,思不易,做一座"长征桥",寄托一片感怀之心(如图4.9)。

本次科技节紧紧围绕丁蕙实验小学的"热爱生命、生态校园、快乐生长"三生理念展开,让学校成为孩子的学习中心、游戏中心、体验中心,使孩子在玩中学,做中学。同时,老师们也鼓励孩子走出校园,走进大自然,去感知每一种生命的美好,去发现身边的每一份细微美好。此次科技节虽已结束,但是孩子们对科学的探索之路还很长。丁蕙教师将一如既往地带领着孩子们在科技的世界遨游,让孩子们的梦想,在科技节的促动下飞得更高、更远,让科技创新伴生成长,让三生理念促生发展!(如图4.10)

图 4.10　孩子们在学习生命从哪里来

(2)砥砺家国情怀,挖掘奋斗精神

　　智慧引领,逐梦前行。丁蕙实验小学开展了以"'蕙'学点燃梦想,童心齐战'疫'"为主题的智慧节活动,让孩子们在奇思妙想中学到知识,畅游智慧的海洋。"众志成城·抗击病毒"丁蕙实验小学三校区的小朋友们和爸爸妈妈一起通过阅读防控疫情的绘本、文字,了解、掌握疫情防控的有效方法。小朋友和家人们一起,共同制作抗击疫情的电脑小报,智慧化的制作方式给了小朋友更多畅想的空间。制作出来的小报精美,充满创意,提倡大家远离病毒、科学防疫。(如图4.11)

图 4.11　抗疫小报

　　这是一场童趣与智慧的碰撞!这是一场色彩与想象力的狂欢!

　　丁蕙实验小学三校区的孩子们在家里搭起了"未来医院"的模型,以丰富的想象力去创造他们心中的"未来医院",埋下一颗智慧创新的种子。孩子们的想象力丰富而充满童趣,他们有的把医院建造在了太空,有的把医院

建设成了游乐场……

疫情当下,同学们响应国家号召,安心待在家中,但他们的那颗善于创新的心并未停止跳动。孩子们通过多种途径,积极了解"新冠病毒",了解它的传播途径,并决定自己动手,废物利用,结合自己了解到的知识,亲手制作口罩。

同学发挥了他们的创造能力,就地取材,运用科学知识,和家人一起,制作了一件件防疫物品:食物投递机、防毒服、面具、口罩等,应有尽有。

其实在这样的过程中,孩子们收获的不仅仅是科学知识,更在这样的活动中也在学做一名创意品格小明星。

(3)润泽健康心灵,培育奉献精神

"生命、生态、生长"是丁蕙实验小学一直贯彻的三生教育理念,而"生命"更是最基础的三生教育基石。教育是人的生命的主要历程,点化和润泽生命是教育之核心,是教育之本。

生命究竟是如何延续的呢?对于大人来说,这是个不费吹灰之力的问题,但当我们俯下身子,在一年级的丁蕙娃娃中寻求答案,就会发现这是个极为棘手的难题。

在大环境的特殊背景下,无论是大人还是孩子,都愈加懂得生命的珍贵与不可逆性,尤其是祖国娇艳可爱的花朵们,更应该了解生命的延续与传递方式。因此,丁蕙实验小学一、二年级的老师们如八仙过海各显神通,把生命延续方式等晦涩难懂的生物学知识,通过观看视频、模拟表演、画图等方式,生动形象地展现给孩子们。孩子们了解到孕育生命的艰辛与痛苦,从而更加敬畏乃至热爱生命。很多孩子在观看视频的时候,联想到自己的妈妈怀胎十月的辛苦,不禁流下了感动的泪水,从而更加深切体会到母爱的无私与伟大……

结合"三生"理念,丁蕙实验小学三、四年级的老师们以生命诞生的历程为主题引导学生交流对生命的理解、感受生命的来之不易。孩子们又从爱护身体和积极面对生活两个角度讨论了珍爱生命的方法。由此,教师倡议每一个孩子,要担起生命的责任,好好地热爱、珍惜自己的生命!相信在课后,丁蕙三、四年级的孩子们一定可以更加敬畏生命,珍惜生命,尊重父母。

为了引导学生多角度理性地认识和思考生命问题,懂得珍爱生命,正确地看待自我,理性地面对挫折,提升学生负面情绪的应对能力,丁蕙实验小学五、六年级组开展了以"生命不易,懂得珍惜"为主题的生命健康教育课。

整堂课从"认识生命""保护生命""生命的价值""生命的意义"四部分展开。课堂伊始,用歌声《怒放的生命》告诉孩子们做一个主宰生命的勇敢者,

接着用一个个生动、真实的案例引发孩子们对生命的思考:作为小学生,怎样才能有意义地活着?孩子们各抒己见,感知生命不易,过好每一天,不虚度年华,不因考试不及格或父母批评,就轻易结束自己生命,或因生活中的小小挫折和坎坷,就舍弃了自己宝贵而又年轻的生命。

什么最珍贵?答案必然是生命!如何去爱护、延续一个生命是我们终生学习的课题。相信此次"生命教育",孩子们会铭记在心灵深处,感谢父母给了生命,感谢父母与老师共同给予了成长道路上的守护!作为父母、作为老师,我们将继续守护我们的孩子,为生命高筑城墙;作为孩子,学习是终生的,学会敬畏生命、心怀感恩、自主茁壮成长将贯穿于生命长河中!

2.红心队室:特色性活动

"红船精神"传承是"知、情、意、行"逐渐深入完善的过程,当前多数教师在进行"红船精神"教育时侧重知识讲授,以学生学习相关知识完成"红船精神"传承,这类以知识为主的"红船精神"教育是单向的。因此,在进行"红船精神"教育时,教育者应遵循"知行合一"原则,既重视理论教育,又重视体验参与、实践锻炼,利用鲜明的教学资源,把提高认识和培养行为相结合。因此开展以多主题、多形式的特色性活动就很有必要。我校的红心队室特色性活动就以体验、浸润、实践等多途径引导孩子感知、践行、弘扬"红船精神"。

(1)感知"红船精神"——体验式活动

当我们坐在宽敞明亮的教室里,享受着知识带给我们的乐趣时,我们不能忘记我们今天的幸福生活是革命先辈们用鲜血换来的,他们才是"最可爱的人"。他们为保卫祖国奉献了青春,在战火中生存,在烽火连天的岁月,从敌人的枪口下、炮击下一次一次地挺身前进……

在中国人民志愿军抗美援朝作战70周年之际,为纪念抗美援朝战争,铭记最可爱的人,丁蕙实验小学教师、家委会代表们以及少先队员代表来到杭州市第三福利院走访看望"抗美援朝"抗战老兵。

老兵们向少先队员们生动形象地讲述了他们的抗战故事。志愿军战士们冒着零下30多摄氏度的严寒,在白雪皑皑的崇山峻岭中纵横驰骋、浴血奋战,以劣势装备进行殊死搏斗,面对敌人飞机的密集轰炸,志愿军坚守阵地,绝不后退一步。孩子们跟随着老人们的诉说,仿佛走进了那战火纷飞的年代,深深体会到战斗英雄不畏艰难、无私奉献、大公无私的革命情怀;内心更充满了对浴血奋战革命前辈的敬佩与感激。

慰问过程中,孩子们被老人讲述的故事深深打动,个个听得热血沸腾,激发了大家的爱国热情。孩子们纷纷表示:"我们今天的好日子,全是革命前辈们用生命和鲜血换来的,作为一名少先队员,从小要学会感恩,回报社

会,用实际行动把红色基因一代代传下去,做对国家、对人民、对社会有用的人。"(如图4.12)

图4.12　看望抗日老兵

本次慰问活动只有短短的一个多小时,少先队们却都表现出了极大的热忱,聆听着抗战老兵的革命故事,队员们把爱国之情栽种在心里,焕发着蓬勃的生命力,宛若永恒的春光、不落的星辰。

(2)践行"红船精神"——浸润式活动

"红船精神"浸润无声,看丁蕙学子队列队容彰显风采。"小小的嘉兴南湖游船,承载着共产党成立的荣光,也寄托着祖国伟大复兴的梦想。作为少先队员,我们脖子上的红领巾是国旗的一角,我们的一言一行都彰显着未来接班人的风采。"

丁蕙实验小学一直以来注重学生全面发展,始终强调为学生创造舒适的环境,保证"蕙伢儿"们身心的愉悦!班级文化建设成为其中必不可少的一环,对学生的教育、学习、成长、成才起着不可估量的作用。因此,一场班容班貌评比活动轰轰烈烈上演了。

对于刚刚入学的"蕙伢儿"们,队列评比是对他们的一次考验,也是同学们意志力锻炼的一次宝贵机会。在评比前,孩子们挥洒汗水,换来了最端正的站姿、最笔直的队列,孩子们挺直脊梁,在操场上展现亮丽的风采!

二、三年级开展的是队容队貌评比活动(如图4.13)。少先队员们在辅导员的指导下,学习正确、熟练地佩戴红领巾,规范敬队礼姿势。评比时,中队辅导员一声令下,队员们翻衣领、戴红领巾,动作麻利地完成一系列动作,胸前的红领巾瞬间成了一道亮丽的风景。接着发出号令:"立正!敬礼!"队员们精神抖擞,五指并拢、高举头上,动作迅速干净,庄严地行出一个个标准的队礼。队员们都能在一分钟内系好红领巾,行规范队礼时整齐有气势、迅速有力量,展现了少先队员朝气蓬勃的风采。

队容队貌的整洁、有序发挥着思想政治的引领作用,浸润在"红船精神"之中。学习少先队员应有的规范礼仪,有助于孩子们体会少先队的组织纪律,增强集体荣誉感,展现当家小主人的良好精神面貌。

图 4.13 队容队貌评比

（3）弘扬"红船精神"——实践式活动

"我们是共产主义接班人，继承革命先辈的光荣传统……"我们热爱一种歌声，那是少先队员们歌唱的声音！我们热爱一种颜色，那是红领巾鲜艳的红色！终于等到这一天，我们可以在庄严的队旗下，在老师、同学们的目光中戴上红领巾，我们是少先队员啦！

携一缕浅夏的芬芳，成长如期而至，在这个意义非凡的日子里，丁蕙实验小学、杭州市丁蕙第二小学进行了"心系红领巾，争当好少年"2019学年第二学期线上入队仪式，此次共有587名同学正式加入中国少年先锋队。

中国少年先锋队，是中国少年儿童的群众组织。胸前飘扬的红领巾，描绘着我们少先队员的飒爽英姿。队员们在嘹亮的歌声中整齐地佩戴上鲜艳的红领巾。戴上鲜艳的红领巾，成为一名光荣的少先队员，是每个小朋友成长道路上的重要足迹。

大队长带领新队员们在队旗下宣誓，立志将来做对国家、对人民、对社会有用的人。辅导员带领呼号，宣布新成立中队，授予中队旗。今天，不仅有587名新队员加入中国少年先锋队，也有14个新中队成立了！

火红的队旗高高飘扬，指引队员们前进的方向。鲜红的领巾系满理想，载着队员们扬帆远航。

随后校长为全体少先队员讲话，教育引导全体少先队员听党的话、跟党走，从小立志做中国特色社会主义和共产主义事业的接班人，为实现中华民族伟大复兴的中国梦贡献力量。

最后,入队仪式线上亲子节目《光荣的少先队》习近平爷爷教导小朋友们要从小学习做人、从小学习立志、从小学习创造。你们瞧,一年级的新队员们已经准备好了一份礼物献给我们光荣的中国少年先锋队——《心系红领巾,争当好少年》(如图4.14)。

图4.14 队容队貌评比

3. 初心学院:每周队、团课

校园文化作用于中小学生的价值引导过程,对学生思想道德素质的培养和提高有着显著功效。校园物质文化是校园文化的一部分,建立红色校园物质文化有助于中小学生形成符合红色基因要求的价值观以及高尚品德,规范中小学生在日常生活中的行为举止。红色校园物质文化具有隐性教育功能,与动态的红色教育活动、比赛相结合,营造浓厚的校园红色氛围,是中小学生感知红色文化、传递红色基因的绝佳途径。

初心学院,就像是一个呈现中国共产党历史的"沉浸式"党史馆。据悉,初心学院不仅对老师开放,同时也对学生开放,学校除了会将某些特定的语文课堂搬进初心学院外,还结合初心学院,开设了一些德育方面的校本课程。

丁蕙实验小学内的初心学院,分为初心教室和红色教育馆两部分。灰色的地砖、黑色木质长椅、鲜红的党旗、毛主席与朱总司令的画像……初心学院的教室,是按照1945年在延安杨家岭中央大礼堂召开的中国共产党第七次全国代表大会的样子建造。从初心教室出来,旁边就是红色教育馆。红色教育馆出入口是一条红船,中共一大嘉兴南湖会议是在一条游船上进行的,而场馆入口的这条红船,正是学校请嘉兴的老木工,按照南湖会议时的游船比例仿制而成。

实景与虚拟相结合的红色教育阵地——初心学院,紧紧围绕"艰苦奋斗"主题,以弘扬"艰苦奋斗"的好传统,创建"红船精神"教育新样态。

(1)初心如磐——传唱初心之声

丁蕙实验小学开展了"品红色经典,做有志少年"为主题的阅读节活动,我校师生掀起了"品经典,树志向"的热潮,它像阵阵轻风,将红色经典传播到校园的每一个角落(如图4.15)。

长眠的英雄,远逝的画面,他们的壮举,已化作一尊尊不朽的雕像,如丰碑矗立于我们每一位华夏儿女的心田。青山埋忠骨,史册载功勋,革命先烈,浩气永存!

图 4.15 红色经典阅读

　　每个同学为了感受英雄的气概,学习英雄的事迹,纷纷展开了红色经典的阅读。英雄的英勇事迹使他们感触甚多,同学们在读完书之后,通过写读后感的形式,记录了自己的收获。

　　孩子们通过本次红色经典阅读,增强了责任感和使命感,传承红色经典,激我中华之情!

　　经典浸润人生,不仅让我们感受到了中华经典的魅力,更让红色精神在同学心间更好地传承和发扬!丁蕙实验小学于 2020 年 12 月 24 日当天举行了"红色经典"冬日诵读会。本次诵读会在各班班主任和副班主任的悉心指导下,人人参与,利用课余时间精心准备,积极练习,展现了学生爱国爱校、朝气蓬勃、昂扬向上的精神面貌。六个年级的学生分别通过三个吟诵主题开展,一、二年级的主题为"传统文化·古风古韵",孩子们利用精美的服饰和道具,用稚嫩的声音吟诵耳熟能详的古诗,吟出了新时代少年对传统文化的情谊。三、四年级主题为"铸爱国魂·诵爱国人",孩子们用气势磅礴的诵读声诵出了对祖国的浓厚深情。五、六年级主题为"红色传承·继往开来",同学们诵读国学经典,感受传统诗词歌赋的魅力,深刻体会到"少年兴则国兴,少年强则国强"!

　　本次活动中同学们一句句绘声绘色地讲述,一声声气势磅礴地诵吟,仿佛回到了硝烟弥漫的战争年代;鲜活的英雄形象再次展现在我们面前。至此,本次冬日诵读会在一片热烈的掌声中落下了帷幕。

　　(2)使命在肩——奋进初心之路

　　丁蕙实验小学少年团校举行开班仪式,丁蕙学子点燃了心中的理想,传递着信仰的火炬。

　　2020 年 11 月 20 日下午,2020 年少年团校培训班在我校初心学院正式

开班。此次培训班由学校党总支领导,团支部具体组织实施,首期团校学员由六年级24位优秀同学组成,旨在重温共青团的光辉历史,接受精神洗礼,理解初心使命。

少年团校是团前教育的主阵地,也是少先队向共青团过渡的组织管理形式。首要目的是培养和造就素质优、发展全、层次高、有理想、有道德的学员,做好少先队向团组织的过渡。

下午一点半的团课还未开始,各班学员就已经按捺不住激动的心情,早早地来到报告厅集合。全体学员就座后,团支部委员刘春玲老师宣布少年团校开班仪式正式开始。在庄严的团歌歌声中,学员们感受到共青团的召唤,树立从少先队员到共青团员的进步愿望。

会上,党总支胡鹰翔书记为学员们做了精彩的报告,他讲解了中国共产主义青年团的组织构成和成立经过等知识,讲述了五四运动这一重大历史事件及其意义。胡书记还对学员们提出了殷切希望,希望他们努力学习掌握本领,早日加入中国共产主义青年团,将来为国家做贡献。

报告结束之后,团支部书记蒋莎老师带领学员们参观了学校的红色教育基地——初心学院,并合影留念(如图4.16)。同学们走进初心学院,参观红船领航、井冈山、飞夺泸定桥、黄崖洞兵工厂等场景,深切地感受到先辈们为了革命的胜利而不屈不挠、顽强斗争的革命精神、遇到挫折勇往直前的坚定信念,学员们产生了强烈的情感共鸣,感受到红色文化的精神力量。

图4.16　参观初心学院并合影留念

即将毕业的小学生,不久后将步入中学的生活,更应该要做一个积极向上的少年,树立远大理想,增强明辨是非的能力,提高自己的思想道德水平,

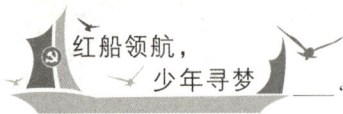

争取早日加入共青团，做一个"思本源·致良知·应时需"的蕙美少年。只要与时代同心同向，当代少年们一定能够创造辉煌、实现梦想。

（3）艰苦奋斗——落实初心之行

从初心教室出来，旁边就是红色教育馆。红色教育馆就是一条红船。从红船入口沿着指示方向走，还有5个不同的场景，分别是井冈山、红军长征、南泥湾、黄崖洞兵工厂以及千里跃进大别山。每个场景都包含不同的典故，以井冈山为例，当中包含三个典故，分别是"一根灯芯""朱德的扁担""雷打石"。为了方便师生了解当中的典故，每个典故都可以通过扫取二维码了解具体的内容。

此外，部分场景还运用了VR技术还原，如红军长征时翻雪山与过草地的场景，选取的是红军翻越的第一座雪山——四川阿坝州的夹金山。通过VR技术可以翻过雪山，看见无数烈士的尸骨埋葬在冰天雪地里；通过手脚并用以及踩下去草地凹陷等真实体验，体会长征途中的艰难。

在场馆飞夺泸定桥、翻越夹金山、千里跃进大别山等体验中，艰苦奋斗精神被具体化为井冈山精神、延安精神、南泥湾精神等，旨在让学生能把革命时代的红色文化精神武装在自己身上，既能传承中国精神，同时也是个人核心素养的重要组成部分。

丁蕙学子除了在初心学院中沉浸学习"红船精神"，还自己扮演经典红色人物，用亲身行动诉说"红船精神"。同学们打扮成自己最喜爱的英雄人物，将自己的红色志向都寄托于红色角色上，做一个有长远志向的有志青年。除此之外，丁蕙实验小学的同学们还分年级用不同的形式表达了自己的红色爱国之情。一、二年级的小同学用自己手上的各种材料，将红色爱国之情寄托于红色人物上。三、四年级的同学将自己的爱国之情和对英雄的敬意写进了阅读手册。五、六年级的同学更是将红色之情深深融入自己的学习生活中，用书法表达自己的爱国之情。书中质朴的故事曾被鲜血浸染，无华的图片曾被生命凝练。这些革命历史在今天的比赛中鲜活，在同学们的心中鲜活，让同学们对那腔腔热血、铮铮铁骨铸就的不朽丰碑触手可及！也许同学们的演绎还很稚嫩，但相信同学们已经更深切地领悟到了党旗、国旗为什么永远那么红、那么鲜艳夺目！相信同学们定能从先烈们忘我牺牲、百折不挠的革命精神中汲取力量，尚军树魂，志学成星，做搏击风雨、翱翔长空的小雄鹰！

初心学院正在成为学校特色课程开发的基地，正规划打造一个"初心智慧大脑"网络学习中心，基于智慧技术手段，实现异地空间联动，现场实时互动，与学院线下阵地形成完整体系，并将与国家课程、地方课程进行融合，创设有丁蕙特色的红色教育项目学习课程，把红色故事课本剧表演、"不忘初心、牢记使命"主题教育学习、在线学习信息发布、校本课程开展等融入初心学院的建设中来（如图4.17），搭建更系统化、更深层次的学习平台，发挥更大的宣传教育作用。

图4.17　老师在向学生介绍初心学院的"一根扁担"

（三）实践性课程

信念的确立、道德的养成仅靠知识的灌输和理念的传授是不可能完成的。没有亲身经历和真实感受的体验环节、符合未成年人特点的实践活动，将无法达到预期的教育效果。因此，"红船精神"教育必须走出校门，步入社会，创造机会让学生亲身体验，把深刻的教育内容融入生动有趣的实践活动之中。重视在社会实践活动中深化"红船精神"教育，可以通过校外研学、小队活动、家校协同等方式参与。精心组织学生实地参观重要的历史遗址，把深刻的教育内容融入生动有趣的实践活动之中（如图4.18）。拉近学生与"历史"之间的距离，消除他们的生疏感，使青少年学生充分了解"红船精神"是地方党组织艰苦卓绝的奋斗史和灿烂辉煌的成就史，让学生感知幸福生活的来之不易，从小立志，为建设伟大的祖国发愤图强、努力学习。

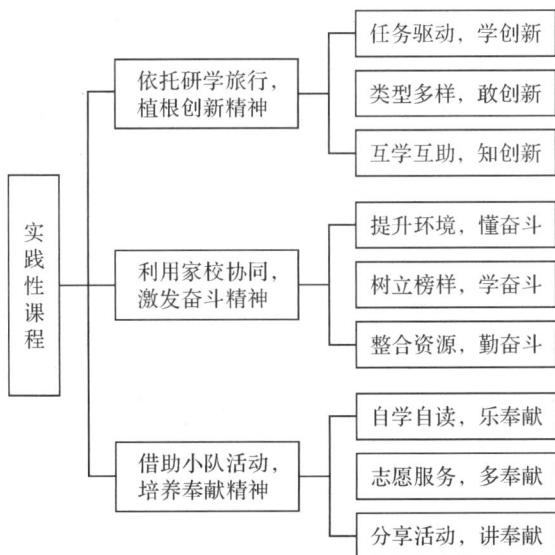

图4.18　实践性课程框架图

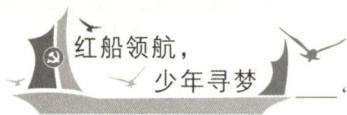

1. 依托研学旅行,植根创新精神

研学旅行是德育的有效形式,《中小学德育工作指南》明确要求把研学旅行纳入学校教育教学计划,促进研学旅行与学校课程、德育体验、实践锻炼有机融合,利用好研学实践基地,有针对性地开展多种类型的研学旅行活动。

（1）任务驱动,学创新

校外研学不仅是一次走马观花的旅行学习,它更像是一种任务型驱动项目。学生根据此次研学旅行的目标进行活动的设计与安排。应坚持过程思维,改进研学活动模式,因为校外研学重在过程优化,本着"先指导、再行动""多指导、少指责"的原则,按"研学前""研学中""研学后"三个步骤,循序渐进地引导教师和学生实施研学课程。校外研学活动以"主题式"建构与课程化实施相结合,以课程团队建设和校内外课程资源的协同为支点,以培养学生的创新意识为基础,须系统思考、顶层设计、优化整合,明确研学旅行的目标及原则,确定研学旅行的活动主题,构建研学旅行的课程框架,细化课程活动的具体方法,最后形成校外研学的主题学习任务单。学生根据自己的能力完成相应的任务,在这个过程中学会思考,勇于创新。

2019年暑假伊始,丁蕙实验小学四、五年级的 23 位孩子在三位老师的带领下,搭乘飞往新加坡的早航班,开始了为期四天的游学活动。他们来到了新加坡辅仁国际双语学校,开启了一天的旅行(如图 4.19)。英语课伊始,老师的"left""right"游戏缓解了孩子们紧张的情绪,拉近了和孩子们的距离。接着以 6 人小组,利用老师给的材料制作英文简报,并用中英文双语进行介绍。

图 4.19　新加坡游学团

他们一行人随后还来到了新加坡国立大学。参观校园的同时,孩子们也接受了一个任务——分小组用英文采访大学生,了解他们的大学生活。

活动后,孩子们纷纷表示在学习的道路上没有国籍之分,学无止境,唯有努力学习,才能不辜负大好时光。

游学过程中,正是一个个任务驱动着学生不断地拓展自己的创新思维,不断学习提升自己的创新能力。

(2)类型多样,敢创新

依托资源,围绕"创新精神"分层建构研学主题。校外研学不是一场简单的游玩,而是要建立起儿童世界与生活世界之间的自然联系,在实践经验累积的过程中,培养儿童创新意识。要真正实现这一价值,就要避免"只旅不学"或"只学不旅",关键是要结合学校实际进行校外研学课程的整体设计和实施。学校依据学生核心素养结构和学校课程目标,立足自然人文研学资源,结合小学生年龄特点,以"创新精神"为研学背景,以培养具有创新精神的未来公民为目标,分层建构小学生校外研学主题。

校外研学的活动是分层实施的。有全员参与的简易普及式活动,有选择参与的提升式活动等等。也会根据小学生的年龄特点进行划分:低年级以参观体验为主;中年级以操作实践为主;高年级以探究实验为主。以2020年科技节为例,此次科技节,以"相约红色丁蕙科技兴校强国"为主题,内容丰富,形式多

图4.20 学生制作的不倒翁

样,根据不同年级学生的年龄特点,有序开展了树叶画制作、想象绘画、不倒翁制作、乐器制作、热水器制作、纸桥制作等多项比赛,吸引了全校师生的共同参与,把学生的无穷想象带到了有趣的科创活动中来,不断推动学校科技创新的发展,让科技的芬芳弥漫在整个校园(如图4.20)。每个主题均以综合实践活动的形态加以构建,兼顾学生认知、技能、情感、意志、实践创新能力等方面的目标培养与达成。

(3)互学互助,知创新

在开展研学的过程中,团队协作能力是非常重要的,在团队中大家互相帮助,攻克难题,共同进步。

2019年11月,丁蕙实验小学学子与俄罗斯符拉迪沃斯托克83中的师生访问团在我校开展为期4天的研学

图4.21 俄罗斯游学团

活动(如图 4.21)。在学校师生的带领下,俄罗斯小伙伴们参观了三生馆,尤其是机器人实验室、车模训练场、3D 打印室等,让他们感受到了中国智慧教育的魅力。智慧生态馆和海洋隧道更是点燃了他们的好奇心。惊讶的表情,好奇的神情,他们表达着对丁蕙实验小学的喜爱与赞美。丁蕙实验小学学子和俄罗斯小伙伴们共同制作了 3D 打印模型,在天马行空中构思,破除语言障碍,碰撞中外思维,呈现出一个个完美的作品。在学校里,中俄两国的孩子们一起学习基础课程以及学校特色课程,在红十字急救中心成功体验并学习了心肺复苏的操作,在传统剪纸课程中见证"手中艺术"的成型,还一起玩了富有童趣的"丢手绢"等游戏。这些独具特色的课程带给他们无与伦比的享受。

2.利用家校协同,激发奋斗精神

"红船精神"校本实践性课程以感悟"红船精神"、传承红船文化为核心,把抽象的"奋斗"精神有形化,以红船环境文化、课程文化、资源整合文化为内容展开活动,利用家校协同合作,一起助力落实学生"奋斗力"的培养,帮助学生了解党史国情,继承自强不息、艰苦奋斗的革命传统。

(1)提升环境,懂奋斗

学校建立初心学院,充分利用校园空间,突出红船文化,让红船文化以有形的形式散落在校园的每一处。每一块墙壁、每一条走廊、每一位教师、每一个场所都发挥育人作用,追求立体可见的校园文化。比如,学校对教学楼的各个教室进行红船文化特色布置,让学校的每一个角落都散发出红船文化的气息,让学生在耳濡目染中接受红船文化的熏陶。再如,学校专门打造了一条孝廉长廊,里面有各个代表孝廉文化的名人,比如文天祥、丁兰等等,这些都在潜移默化地影响着孩子们。通过这些无声的、有形的红色语言,孩子们体会到"红船精神"中的奋斗因子,懂得艰苦奋斗的意义(如图 4.22)。

图 4.22 学生表演"弟子规"

(2)树立榜样，学奋斗

家长是孩子一生中的首要启蒙教师，家长的一举一动都影响着孩子的行为习惯。因此，家长不仅要熟悉掌握科学的教育方法，更要以身作则，严以律己，为子女树立榜样。家长要树立起乐于奋斗、不怕艰苦、不怕困难的榜样，让孩子在耳濡目染中学奋斗。

2020年9月开学前夕，丁蕙实验小学实验临风书院213班的沈睿爸爸扛着几个大箱子气喘吁吁地来到了学校，箱子里装着满满的口罩。后勤部门的老师数了数，有一万多个。沈睿爸爸说这些全部捐给学校作为防疫物资，马上就要开学了，他想用自己的一点绵薄之力为学校增添一点防护力量，为学校师生能够安全健康地开学提供保障。我们还了解到，沈睿爸爸一直热心服务班级，只要班级有报名大扫除、志愿者等活动，沈睿爸爸都积极报名参加。同时，他还尽己所能为学校贡献自己的力量，是公认的暖心好家长！

开学前夕，因为教室需要大搬迁，各个班级开始了紧张的教室整理。时间紧任务重，每个班级既要大扫除、搬物品还要布置教室，正在老师们感叹时间不够用的时候，家长们纷纷出手帮忙，积极报名打扫教室，有的甚至全家总动员。在家长、孩子和老师们的共同努力下，一间间整洁漂亮的教室顺利在9月1日迎来了它们的小主人。

开学后，在每天上学和放学的时间里，校门口接送孩子的车辆很多。为了保障孩子们的安全和校门口的正常秩序，校门口始终活跃着一群红马甲的身影，他们就是丁蕙实验小学的爱心护学岗。爱心护学岗的成员均由家长志愿者组成，他们每天自发组织在孩子上学和放学的时间，站在校门口指挥交通、开关车门，保证车辆即停即走；他们劝导骑电瓶车的家长和孩子们戴好头盔，保护自身安全；他们带着孩子过斑马线，为孩子们撑起了安全的保护伞。每天清晨，我们都能看到一位特殊的男子，在丁蕙实验小学临风书院的门

图4.23　家长志愿者

口，他迎着朝阳站在马路中央指引车辆、维持校门口交通秩序，不厌其烦地一趟趟往返，接马路对面的学生到学校上学，他就是临风书院310班周子豪的爸爸（如图4.23）。

正是一位位暖心家长的帮助，让我们老师工作也越来越有干劲，让孩子也越来越明白奋斗的意义。

（3）整合资源，勤奋斗

家长其实就是最大的资源，许多家长有特长、有能力，而且十分配合学校的工作。将家长资源和学校资源进行整合，能让学生感受到身边的奋斗精神，培养其坚忍不拔的品格。

2020年3月，为保证全体师生在开学时有一个安全健康卫生的学习生活环境，做到消灭病源，切断疫情传播渠道，3月8日清早，沈淑贞老师的爱人——404班方烁然爸爸，带领杭州蓝天救援队成员来到丁蕙实验小学

图4.24 消杀队

三个校区对校园的各个角落进行全面消毒（如图4.24）。他们采取喷洒与拖洗相结合的消毒方式，确保消灭病源，消除安全隐患。消毒结束后，总务处及时对各个教室进行了清理和通风，为即将开始的开学工作提供了有力保障。我们相信，只有守好校园内的每一道关卡，才能保证丁蕙实验小学师生的安全。学校领导和班主任们还陆续收到了家长们的爱心募捐信息。一条条信息里，包含着家长对学校的关心与支持。一位家长说："全国上下一心抗击疫情，作为家长，我也想为学校、为社会做点儿实事，尽自己的绵薄之力！考虑到当前疫情严重，希望为师生增添一份安全保障。愿孩子们早日回归课堂，愿校园尽快恢复朝气蓬勃，书声琅琅。"他们捐赠的一只只额温枪、一个个口罩、一桶桶消毒液，都饱含了每位家长对丁蕙实验小学深深的爱。

丁蕙实验小学点滴爱传递，家校聚力共战"疫"。丁蕙实验小学家长们用爱心和行动筑起师生和家长间健康的桥梁，丁蕙实验小学学子们也被这一幕幕所感动。对于小学生来说，奋斗或许是一件非常普通的事，但积少成多，最终定能锤炼出顽强的品质。

3. 借助小队活动，培养奉献精神

陶行知先生说不运用社会的力量，便是无能的教育；不了解社会的教育，便是盲目的教育；离开社会、家庭的教育是不完全的教育。当"雏鹰假日小队"这一

载体出现时,我们立刻欣喜地感到这正是一座架在学校、家庭、社会之间的桥梁。假日小队活动应常做常新,应成为少先队活动不可缺失的一个有效载体。

"雏鹰假日小队"让孩子们从空间有限的校园中走出来,为孩子们创造了一个集学习、娱乐、锻炼、创新、独立、自主于一体的成长氛围,它成为学生"自己教育自己,自己管理自己"的民主小天地,它为学生良好个性及健康心理素质的形成创造了一个很好的环境。我们真诚地希望更多的家长朋友关心少先队员,为少先队员开辟一些活动场所,让队员开展他们喜爱的活动,让队员们更好地从"自然人"成长为"社会人"。在这个大环境中,孩子们在为社会服务的过程中,慢慢懂得奉献的意义。

(1)自学自读,乐奉献

在小队活动开始前,队员们之间要进行充分的前期准备工作,队员们自取队名、自设队标、自定公约、自编队歌……忙得不亦乐乎。如"白鸽"小队,"蜜蜂"小队,"快乐"小队……为了保证每次活动达到预定目标,队员们自己制订了公约,还创编队歌,每学期初都制订了队员们喜爱的小队活动计划。活动中发现,队员们喜欢自己组织的活动。参与自己设计的活动,他们是那么地开心、自信。假日小队活动的开展改变了少先队活动数量少、活动内容单调的现状。一个队名,一首队歌,一个队标,一份公约,一个活动,无不说明雏鹰假日小队活动的开展发挥了队员的主体作用。在合作的过程中,大家分工有序,做好自己这份任务,为小队活动的顺利进行奉献自己的一份力量。

(2)志愿服务,多奉献

小队的志愿服务内容丰富,形式多样。他们或去社区看望孤寡老人;或当护河小使者进行五水共治,或当环保小能手,清洁环境等等。他们通常利用寒假、暑假的时间参与小队志愿服务,在一次又一次的奉献服务中感受到奉献的快乐。

当我们坐在宽敞明亮的教室里,享受着知识带给我们的乐趣时,不能忘记我们今天的幸福生活是革命先辈们用鲜血换来的,他们才是"最可爱的人"。他们为保卫祖国奉献了青春,在战火中生存,在烽火连天的岁月,从敌人的枪口下、炮击下一次一次地挺身前进。在中国人民志愿军抗美援朝 70 周年之际,为

图 4.25　看望老兵

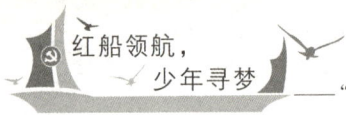

纪念抗美援朝战争、铭记最可爱的人，丁蕙实验小学教师、家委会代表们以及少先队员代表来到杭州市第三福利院走访看望"抗美援朝"抗战老兵（如图 4.25）。老兵们向少先队员们生动形象地讲述了他们的抗战故事。志愿军战士们冒着零下 30 多摄氏度的严寒，在白雪皑皑的崇山峻岭中纵横驰骋、浴血奋战，以劣势装备进行殊死搏斗，面对敌人飞机的密集轰炸，志愿军坚守阵地，决不后退一步。孩子们跟随着老人们的讲述，仿佛走进了那战火纷飞的年代，深深体会到战斗英雄不畏艰难、无私奉献、舍己为人的革命情怀，内心更加充满了对浴血奋战革命前辈的敬佩与感激。慰问过程中，孩子们被老人讲述的故事深深打动，个个听得热血沸腾，爱国之情油然而生。大家纷纷表示："我们今天的好日子，全是革命前辈们用生命和鲜血换来的，作为一名少先队员，从小要学会感恩，回报社会，用实际行动把红色基因一代代传下去，做对国家、对社会、对人民有用的人。"

（3）分享活动，讲奉献

队员们在参加小队活动时，不仅是自己亲自参与到活动过程中，更会用文字、图片等形式将活动记录下来，每每遇到乐于奉献的榜样，他们都会用自己的方式进行记录，并且将其影响力扩大，用自己的声音传播奉献的力量。

在丁兰街道枫景园社区里，有一位爱心大使，她的名字叫方海萍。因家中的突然意外，方海萍走上了无偿献血的道路，成为固定的无偿献血者，而这一坚持就是 10 年。方海萍的无私奉献得到了社会的认可，先后被中华人民共和国原卫生部、中国红十字会总会、中国人民解放军原总后勤部等单位授予"全国无偿献血志愿服务奖五星奖""身边的活雷锋"等荣誉。如今，花甲之年的方海萍仍旧在志愿服务的道路上大步向前，将无偿献血的理念传播给更多的人，让"救命血"挽救一个又一个鲜活的生命。队员们将采访目标锁定到这位平民英雄身上。在采访中，小队员们踊跃发言，举起小手纷纷向方奶奶提出问题。小队员们纷纷表示要向身边的楷模学习，生命有价，爱心无价，要将爱心传播出去，帮助更多有需要的人。活动结束后，队员们用自己的文字表达了对方奶奶的敬佩之情，这篇报道被"江干 E 教育"公众号转发，扩大了活动的影响力，将方奶奶的奉献品质传得更深、更远。

二、课程的实施路径

从学校的条件角度来看，我校实施"红船精神"校本课程有着得天独厚的优势。丁蕙实验小学以"红船精神"进校园为载体，落实立德树人的根本任务；红船领航，不断提升学校党建质量，推进党建理论与实践的"知行合一"；优化学校教师、党员队伍建设；创出特色，凸显校园文化红色内涵，有力促进学校教育优质均衡和协调发展（如图 4.26）。"红船精神"课程的校本实施是一个非常漫长的过程,需要全方位的配合支持与学校统整化的实施跟进。"红船精神"课程本质上来说是一种校本课程,除了需要配套的硬件设施与活动空间的支持,更需要系统化的课程实施策略支撑。校本课程开发具有很高的开放性和灵活性,它也非常鼓励家长和社区人士参与学校的课程建设,表达他们的教育观点和需求,因而比较容易融进社会生活的实际变化和最新出现的相关课题,使学校课程具有更强的主动变革的机制和能力。

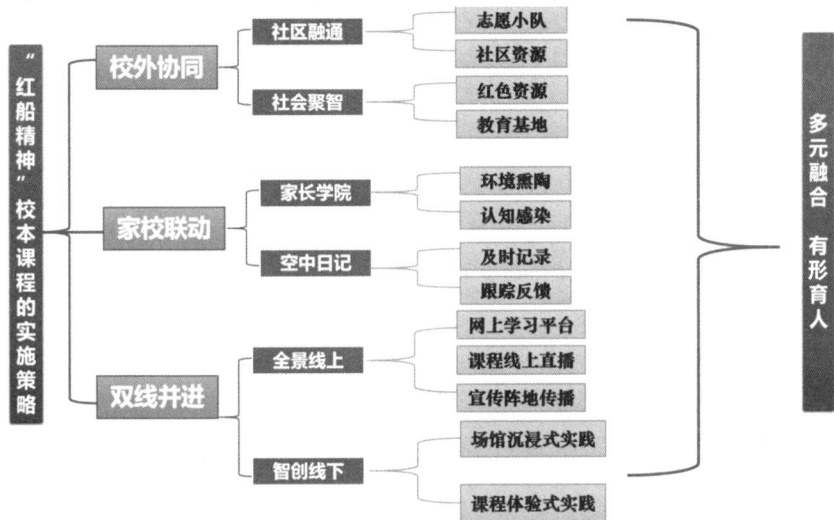

图 4.26 "红船精神"校本课程的实施策略图

因此,在"红船精神"课程的实施中除了利用学校资源之外,同时通过多元互动,实现校本课程创新融合,借助社会、社区、家庭等多方力量助力课程实施,利用线上与线下结合的多样化形式进行。巧用本土红船文化资源,开辟育人新路径,引导学生在认知、内化、实践中传承和弘扬"红船精神"。"红船精神"校本课程不采取特定的学科框架与内容,重视体验性、主体性,旨在让学生在各个领域内深切地感知、体悟"红船精神"的内涵,并在课程实施的过程中习得"红船精神",进而用实际行动去实践传承。学校的"红船精神"校本课程积极与其他资源实现多元融合,开创出崭新局面。

(一)校外协同:社区融通与社会聚智

"红船精神"校本课程的实施是一个复杂的过程,单靠个别因素是不能够实现整个课程高效实施的,需要学校内部、外部各个要素进行整合协同,密切合作。学校首先成立"红船精神"校本课程研发领导小组,统筹红色教育主题课程开发、课题研究、体系构建等工作。同时,开发以"红船精神"为

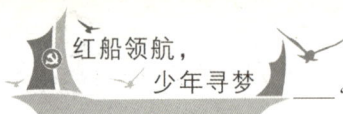

主体的校本教材。学校内部自上而下，领导核心到各层级行政部门，再到各学科教师，都需要明确目标与操作流程，达成一致。与此同时学校内部与外部也进行协同，联合社会、家长、高校等共同保障多维学习场的高效创建，实现智能联动。结合学校、社区现有资源状况推出特色项目，发展学生个性，打造学校特色，依托上级部门在学校建设的"初心学院"，学校还设立了"红领巾公益课堂"，是区中小学的教育"第三空间"。此外，学校积极与本地孝廉馆、市综合实践活动课程基地、红色文化教育基地等场馆开展课程合作，全方位推进"红船精神"校本课程的实施。

1.融通：与社区的融合支持

社区是一个广阔的天地，是小学生成长、活动和娱乐的主要场所。学校是社区的一个子系统，与社区内各类社会组织有机地结合在一起，彼此相互依存、相互影响、相互制约，组成社区体系，满足居民社区生活的各种需要。社区有较丰富的文化资源，有许多可以让学生体悟"红船精神"的教育内容，学校充分利用社区资源，根据学生的特点和需求，规范文化场所，注重文化质量，提升文化品位，以利于对学生进行"红船精神"传承与实践的培养。

开发、利用与整合社区资源是提高学生社区活动效益的重要环节。据考察，学校所处的丁兰街道原名丁桥镇、丁兰乡，是"二十四孝"中孝子丁兰的故里，"丁兰刻木事亲"的故事更是被世代传诵。千年古镇丁兰街道具有悠久的历史和丰富的自然、人文资源。丁兰社区有很悠久的孝道文化，一直以来都在传承与延续。此外，位于皋亭山景区千桃园内的杭州孝园总面积近7万平方米，分孝廉广场、文化长廊、孝道小径等多个区域，"廉洁文化"也有着深厚的底蕴。这片古老而神奇的山地以其旖旎的山水风光胜景，留下了帝王将相的踪影和忠臣义士的故事，苏东坡、杜牧等文人墨客的题咏数不胜数。学校根据学生教育的需要，开发与整合社区文化资源，确定学生活动基地，完善活动的设备设施，组建社区学生活动辅导员队伍，保证学生社区活动的高质量实施。

为实现校本课程与学生社区活动的融合，必须结合学校课程改革，开设综合实践活动的校本课程，构建"学校课程—社区资源—学生活动"的小学生传承与实践"红船精神"培养模式，初步形成以社区为主阵地，以教育基地为依托，以活动为载体，以学生为主体的活动格局，充分体现教育活动的丰富性、综合性、开放性和灵活性。通过这样的形式，学生的社区活动由不习惯变为习惯，由不自觉走向自觉，由他律发展到自律，融德、智、体、美于一炉。同时，学校教育向家庭和社会延伸，与社会实践结合，培养敢于创新、勇于奋斗、乐于奉献的小学生。

（1）社区志愿小队服务活动

社区有许多志愿服务小队，这与学校里的少先队员们组成的实践小队是类似的。自2014年10月第一次向全体学生公开招募以来，先后有3000多名学生参与了志愿小队培训，每年的寒暑假是小队实践活动的集中时间段。7年多来，虽然学生换了一批又一批，但是小队活动一直在践行。他们贡献着自己微薄的力量，尽自己所能，为他人服务，传递爱心，传播文明，同时在志愿服务中不断完善自我，超越自己，积极践行着乐于奉献的"红船精神"。

学校通常会和社区志愿服务小队进行对接，社区举办活动时邀请学生参加；学生组织活动时，联合社区志愿服务小队参加。志愿小队将学校课程计划内容渗透社区教育的要求，讲授社区有关知识，培养学生对社区的情感。与此同时，社区为孩子们提供学习实践项目与内容，以适应不同学生发展的需求。学校教师与社区辅导员紧密联系、互相交流，致力于学生的社区活动，使学校教育与社区教育高度统一。

2020年6月5日是世界环境日。这年的主题为"关爱自然，刻不容缓"。丁蕙实验小学历来重视对学生的环境卫生教育，提出了"生命、生态、生长"的三生教育理念。学校结合班队课，开展形式多样的生态环境教育活动，利用假期开展各类小队活动，又与"绿色浙江"合作，开始了"小河长青少年护水计划"。丁蕙实验小学"蕙之星"旗舰护河队携手丁兰大姐护河队来到上塘河赤岸桥段开展了"五水共治"巡河护河活动。丁兰大姐护河队是一支由16名骨干义工组成的护水队，当地人亲切地称她们为"丁兰大姐护河队"。她们风雨无阻，每天坚持巡查河道，还与学生志愿者"河小二"结对，每周开展两到三次的护河活动。她们用实际行动诠释了她们的口号："低头一秒，拾起文明。"此次，丁兰大姐护河队就带着丁蕙实验小学的学生志愿者护河队进行了五水共治活动。活动伊始，民间河长——冯老师就抛砖引玉地给小河长们讲述了护水护河对人类的重要性，水质污染的种类，巡河的主要事项和看、闻、行动、劝导等方法，给小河长们拓展了宝贵的课外知识。小河长们认真倾听，由衷地喊出了他们"护山护水护绿河，蕙星河长我来做"的口号。他们勇于传承大河长们的精神，担当起守护绿水青山的重任，共筑蓝天白云。理论联系实际，心动即行动。队员们偶遇一老爷爷在河边垂钓，小河长上前文明劝导，推荐钓鱼平台，爷爷微笑离开；发现河道污染，拍照上传，及时反馈，劝导人们河边不做危险动作；随手捡起沿边河道垃圾，减少污染源；科学检测河道水质，识别水样，做到心中有杆秤，行动有见地（如图4.27）……在丁兰大姐护河队的带领下，丁蕙实验小学学子们进一步地认识到了水对人类生存、生活的重要性，深刻体会到了民间河长和所有志愿者们巡河、护河的艰辛，更唤起了我们保护自然环境、守护绿水青山的紧迫感和责任感。这就是"红船精神"中的奋斗精神和奉献精神,队员们真真切切地在践行。

图 4.27　丁兰大姐护河队携手丁蕙实验小学小队进行五水共治活动

(2)社区资源共享融通

实行学校与社区融合,就要充分利用物资资源。利用社区的场地、设备设施对学生的实践活动课及双休日、节假日的假期活动进行合理安排;联系小学生,设置多种活动项目,实现学习方式、内容的多样化,如少儿广场文化、少儿环保宣传、少儿俱乐部、少儿影视厅、少儿奉献日、心理健康咨询活动等等。同时,组织学生到红色基地实地参观感受,为培养学生的"红船精神"搭设舞台。社区的人力资源也是非常重要的可利用资源。学校积极调动人力资源,聘请素质较高、热心为孩子服务、具有专业特长的社区干部、退休教师、法官、企业人士等社区辅导员。学校教师与社区辅导员相互协调,确定有利于学生发展的活动内容,如开展保护环境的辩论、关心社区的演讲比赛、建立良好的人际关系知识问答、邻里互助的典型评论和培养小法官、小导游、小交警等活动。以学生为中心,以情景为中心,以活动为中心,突出学生的主体地位,开发学生的经验资源,在活动中促进知识和实践贯通,开发学生的兴趣资源,在活动中激发探究情趣,开发学生差异资源,在活动中相互取长补短,让学生在丰富多彩的活动中体察领悟,把外在的感受内化为一种信念,并付诸行动。

走进社区,利用社区的硬性资源。2018 年 2 月 8 日下午,丁蕙实验小学 303 中队海星小队,在家长们的带领下,来到丁兰街道沿山村和皋城村,以"沿着习爷爷的足迹寻访美丽杭州"为主题,开展了寒假社会实践活动(如图4.28)。在 2008 年的时候,国家领导人习近平总书记就到这里,对皋城村的远程教育开展和社会主义新农村建设提出了指导意义。丁兰街道沿山村和皋城村有着丰富的文化历史资源,队员们来到这里,沿着习爷爷的足迹,感受杭州之美,体悟奋斗精神。八名小队员们沿着习爷爷的足迹,去寻访美丽家园的新发展。十年后的皋城村,俨然已经发生了日新月异的变化,成为杭州最美丽村庄。瞧,孩子们纷纷扬起双臂,为新农村建设带来的美好家园欢呼,感叹时代发展带来的巨大变迁!

图 4.28　沿着历史足迹寻访美丽杭州

　　我们不仅可以走到社区里使用社区资源,更可以将社区资源引进学校,尤其是社区的人力资源。2020 学年第一学期休业典礼上,我们就邀请了区交警大队丁兰警务组郭宇祥警长进校园进行安全知识的讲解(如图 4.29)。以"交通安全"为主题,为同学们传授交通安全知识,同时还传授了如何在交通出行的过程中有效地保护自己免受伤害的技巧。为让同学们过一个幸福祥和的春节,除了重

图 4.29　郭宇翔警长进校园

视交通安全、牢记常用安全电话,也温馨提醒同学们认真做到学校《寒假安全告家长书》要求。学生们充分体会到了安全的重要性,安全保障是第一位,只有身心健康,我们才有更多的时间与精力开展各方面的学习活动。

　　丁兰街道党工委委员来达部长、杭州图书馆少儿分馆主任许勇德、副主任程丽青以及社区相关负责人和全体校级家委会成员参加了 2020 年 12 月 31 日上午在丁蕙实验小学五楼报告厅隆重举行的"起航艺术梦想·传承红色精神"元旦会演暨"品红色经典·做有志少年"阅读节闭幕式活动。丁蕙实验小学的发展离不开社会各界的认可与支持,丁兰街道党工委委员来达部长为本次活动致辞,表达了对丁蕙实验小学学子的殷切期望。丁蕙实验小学正向着梦想的未来启航。正是得到了社区资源的支持,增进了联系与沟通,丁蕙实验小学学子能够更加深入社区,充分利用社区资源。

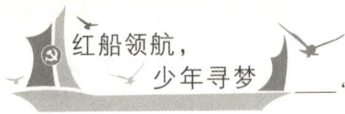

2.聚智：与社会的智慧聚集

21世纪以来，随着学习型社会理念以及终身教育理念的不断深入人心，狭隘的社会发展观和学校建设观成为众矢之的。学校与社会的沟通渠道逐渐被打通，学校面向社会、融入社会的新格局正在形成。当前我们在学校和社会合作的层面上做了大量的实践工作，且效果明显。在开展"红船精神"校本课程的过程中，学校和社会各有其优势，将二者优势结合起来就能够为课程的实施助力。

学校和社会都具备自身的优势资源，学校有校园、操场、活动室、网络中心、教师心理咨询室，能够为社会成员的学习服务，为社会开展教育活动提供保障。学校长期以来积累的育人经验和办学传统、高素质的知识群体、深厚的文化积淀、良好的精神风貌、正确的社会价值定位、高尚的道德情操，遵循着教育规律，能够在人才提供、知识传承、智力保障中发挥作用。同时，文化发展学校多方面的为社会的精神文明建设提供人力和智力保障，学校自身拥有的教育教学设施设备、公共文娱活动场地等物力为社会精神文明建设提供物质保障。

学校是课程实施的主阵地，而社会作为学校的物质背景，为学校的存在提供了空间上的支持。社会具有更加丰富的资源，公园、广场、文化中心，还有大批优秀的社会各行各业人才能够为学校发展提供所需资源，为学校提供物力、人力、财力保障。学校与社会的交换相得益彰，是学校和社会和谐发展的基础，也是学校和社会有效合作的社会学理论基础。学校和社会之间的资源通过有序有偿的交换，促进了学校和社会的共同发展，也促进了社会的和谐。社会作为学校发展的物质基础，办学经费、人力资源的供应方，应当选择性地向学校开放博物馆、体育馆、少年宫等社会公共基础设施，这能够极大地提高学校教育成效。"红船精神"校本课程的实施更加需要社会的红色资源支持。只有实现学校与社会的功能互补，才能真正实现学校与社会的和谐发展进而推动社会的和谐稳定。

（1）充分利用当地红色资源

二十四孝的故事"刻木事亲"，讲的是东汉年间，有位叫丁兰的孝子，在母亲死后，用木头刻了母亲的雕像，日夜供奉的故事。"百善孝为先"，根据南宋《咸淳临安志》记载，丁兰刻木事亲的故事就发生在杭州皋亭山的姥山之东。皋亭山与"孝"的渊源历史悠久，当地百姓为了弘扬丁兰的孝心，修建了丁桥、兰桥作为纪念。千百年来，皋亭山区域逐渐成为杭州孝道文化的中心，更是被称为杭州"孝"源。来到千亩桃园的孝道馆，在孝道文化馆里逛一逛，你会发现这里已打破了以往教科书式的乏味与单调，而是通过丰富的图

片、文字、塑像、多媒体展示关于孝的故事。孩子们不仅能在这里学习中华孝文化,了解中华五千年的家和文化,还可以庄重地进行孝廉宣誓。

丁蕙实验小学二小校区的同学们于2019年1月31日参观杭州孝道馆,进行"学礼仪传美德·孝于心践于行"的活动(如图4.30)。在这里,他们上了一堂深刻的国学礼仪课。上课前,在国学老师的指导下,同学们穿戴好衣帽,列队整齐,跪拜在蒲团之上。开展学习正衣冠、对孔子行跪拜礼、朱砂启智、开笔习字、诵读孝经等活动。课堂气氛严肃认真,同学们不仅在动作上知礼仪,更是在心里面懂感恩。最让人感动的是"感恩答谢",同学们双手端着茶,笔直地站在各自父母的面前,说出心里话:"爸爸妈妈你们辛苦了,我爱你们!"随后,讲解员带着学生参观了孝道馆,馆内采用"静态展陈+动态体验"模式,通过丰富的图片、文字、塑像、多媒体等科技手段进行展示,还使用科技手段强化展陈效果。同学们感到又有趣又好玩,对于二十四孝故事和新二十四孝故事有了很深的了解,听得津津有味。特别是"丁兰刻木事亲"的故事,让大家真正地了解到丁兰地名的由来,那句"子欲养而亲不待"也深深地印在了同学们的心里。这是对"红船精神"中"奉献精神"最好的体悟,由小及大,先感知父母对自己的奉献之爱,学生才能慢慢体会"奉献"二字的重量,继而学会奉献学校,奉献社会。

图4.30 学礼仪传美德·孝于心践于行

(2)共同建设文化教育基地

学校拥皋亭山国际旅游风景区,枕山水之秀丽、文脉之深厚,承载了千亩桃园、上塘河等多处文化名景的历史底蕴。深厚的区域文化赋予了丁蕙实验小学传承历史、传播文化的使命。学校承载着区域优质教育资源供给与优质教育管理输出、区域特色承接传承，以及示范引领浙江师范大学附属学校的重要历史使命。

丁蕙实验小学将学校空间与周边社会环境进行统整，在开放的同时将部分城市公共设施作为学校培养学生社会意识的教学设施，在促进社区整体环境提升的同时，一定程度上增强了学校和社会之间的联系。学校深度挖掘传统地域文化，并将其转化为有用的教育资源。丁兰孝道馆里有着悠悠上千年的孝道文化，学校就将宝贵的资源注入校园文化，设置孝义体验区，定期进行孝廉宣传。学生走出校园，依旧可以体验到学习的快乐。在围墙之外的皋亭山下，我们开辟了一块 25 亩的生态园，通过亲子耕种、培育等劳动体验，学生、家长和教师亲近山林，保护环境。丁兰街道班荆馆与学校咫尺之隔，现在，我们将班荆馆转化为学校的资源，让学生们徜徉在 5000 年的悠悠文化长河中。通过积极联系社区服务中心，丁蕙实验小学结合区域内的"红十字会""孝文化馆"等资源，由无边界的教师团队推动区域联动的无边界教育，将地域的孝义传达给每一位师生，使"孝"滋于心，"善践"于行，进而砥砺学生的德行，并冶炼出具有浓厚地域特色的校园文化。同时，为了发挥丁蕙实验小学在社区中的建设作用，学校资源向社区居民开放，定期开展各类活动，让区居民周末也可进入学校学习、参观，促进社会协同教育。

我校的生态实践基地——童心蕙园位于被誉为"杭州靠山"的皋亭山腰，在班级合作制的基础上，学校以轮流制的方式分管田地，聘请当地专业的农林耕作员为技术顾问，以"技术"为平台，指导学生进行四季的播种、照看与收获（如图 4.31）。2016 年的 4 月 2 日上午，在明媚的春光

图 4.31　童心蕙园

中，皋亭山的茶园里迎来了丁蕙实验小学生态园的开春第一耕活动。生态园位于皋城村后、皋亭山脚，景色宜人、山清水秀。通过一扇小门走进茶园，顿时有种豁然开朗的感觉，整个茶园占地 25 亩地，学校的"童心蕙园"农耕基地占地五亩，是学校实现新劳动教育的实践基地。为确保耕作活动能够顺利开展，学校还特意邀请了耕种经验丰富的农民爷爷讲解耕种技巧和蔬菜生长习性。学校将耕作区以班为单位划分了区块，学生在本班的土地上动手栽种、培育农作物。大部分学生是第一次参与这样的农耕活动，甚至大部

分的家长对于耕作知识的了解也是甚少的。在田野里学习,让学生在学校以外的地方通过劳动实践收获成长,这是丁蕙实验小学打造"无边界教育"的有力举措。通过耕种,学生会获得可靠的农耕知识,感知"成长"是要经历风风雨雨的,"收获"需要付出艰辛的劳动;学生懂得生活,感悟生命,懂得要珍惜劳动成果,珍惜现在的幸福生活。这正是丁蕙实验小学打造"生长课程"的目的所在。此外,学校还将利用"童心蕙园"开设相关课程,让学生在课堂上劳动,还将秋天收获的果实用于义卖等,发挥自己劳动的最大价值,体悟"红船精神"中"奋斗精神"的深刻内涵,这更是一种特别的德育形式,让学生铭记未来的幸福是靠自己的双手奋斗出来的。

(二)家校联动:家长学院与空中日记

家庭与学校都是重要的教育场所,父母和老师都是影响孩子学习与成长的关键人物,教育要成功,家庭和学校就要互相配合,共同负起教育孩子的责任。家长需明确自己在家庭教育中的作用,树立家校合作意识。家长是孩子的第一任老师,家庭是其人生的第一所学校,家庭教育对孩子的德、智、体各种素质的形成和发展起着重要的促进作用,特别是对孩子的思想品德及个性的形成和发展方面,可以说起到塑形的决定性作用。

因此,家长应认识到自己对孩子的发展所起到的作用,同时明确自身在家庭教育中的作用:树立正确的教育观念,抓准教育内容与方法,及时发现问题、防微杜渐,注重孩子在思想品德、身心健康等方面的培养。与此同时,家长要意识到自身与家庭教育的局限性,厘清家庭教育和学校教育之间的关系,对家庭教育做出合理的定位,树立家校合作意识,从而建立家校合作的联动机制。

1. 合作共赢:家长学院

家长需明确自己在家庭教育中的作用,树立家校合作意识。学校为了促进家长和学校的沟通,达成良好的家校协作关系,获得合作共赢的局面,特地建立了家长学院。家长学院的首要活动就是定期邀请各个方面的专家教授给家长进行授课。曾邀请国家级青春健康教育培训师诸晓敏老师开设"建立爱的亲子关系"主题讲座,邀请省教育厅心理专家韩冰开设"家校合作共育学生好习惯"主题讲座等等。此外,还会定期召开家长会,同时设立家长开放日,邀请家长来到学校,参与学校的一日生活之中。同时借助家长学院的契机,"红船精神"校本课程得到了家长的认可,有了更大范围的实施空间,有更多机会在家庭中践行"红船精神",真正做到行于心,践于行。

（1）完善家庭教育环境，注重熏陶

随着经济时代快速发展，家庭氛围、家庭环境、家庭结构都发生了较大的变化，而通过家长们积极创建良好的家庭环境，在家庭中营造优良的教育氛围，就可以为孩子创造良好的成长环境，促进他们的身心健康发展。构建和谐的家庭环境，家长要改善自身的不良生活方式，自觉地消除家庭环境中不利于儿童健康成长的因素，从而为孩子创造良好的生活环境。父母要建立正确的父母角色，形成和谐的夫妻关系，只有营造好和睦的家庭氛围，才能让孩子感受到爸妈的幸福感和家的温暖。因此，家长提高自我修养，为儿童营造良好的精神氛围，建立良好的亲情关系，对儿童身心和谐发展将起到积极的作用。

为更好地搭建学校和家长的沟通平台，凝聚学校和家庭的合力，丁蕙实验小学一直以"互信、理解、协作"作为丁蕙实验小学家校联系场的宗旨，力求建立以家庭教育为基础、学校教育为中心、社会教育为依托的三位一体的教育网络。家长们也积极响应学校号召，涌现出很多与老师、学校互相沟通、互相合作的家长。在丁蕙实验小学就有这样一位家长，在班级的工作中，经常能见到他的身影；在学校建设中，也时常听到他的名字。老师们这样评价他：汗水常年浸湿衣衫，忙碌的背影中藏着一颗默默无闻的心。他就是601班史鑫宇同学的爸爸——史叶挺。在班级工作中，他无私奉献，忙前忙后。有一次，班级里急需大桶纯净水，他得知情况后立即放下手中的工作，从十几公里外的地方给班级带来了两桶甘甜的水，并给同学们安装好。看着孩子们喝水时的笑脸，他擦擦额头的汗说："一切都值得。"班级的同学和老师们谈论到他时都赞不绝口，感谢这位默默付出的好爸爸。史爸爸的儿子史鑫宇是体训队的一名长跑运动员，每当他体训遇到困难时，老师们总会耐心地开导他，帮助他突破障碍，父亲的榜样力量也一直激励着他全身心地投入体训中，不断挑战自我。一对父子，两颗蕙心，同心协力。

苏霍姆林斯基曾说："最完备的教育模式是'学校—家庭'教育，学校和家庭是一对教育者。"家庭是学生成长的温馨港湾，是与学校教育互为补充的重要教育途径。父母积极地参与学校生活，成为学校教育的随行者，做到家校合一，最终促成孩子的全面健康发展。家校共育让教育环境更加和谐，愿携手并进，共创丁蕙实验小学美好新明天！

（2）优化家庭教育认知，注重感染

在一个家庭中，父母的教育认知是非常重要的，他们的教育观念无时无刻不在潜移默化地影响孩子们。正确、积极的观念会引导孩子们向上发展。2020年，一场疫情席卷而来。在丁蕙实验小学，有这么一批平凡的英雄值得我们崇敬，值得我们学习。他们便是此次新型冠状病毒疫情期间参与防控

的一线工作者,他们是孩子们可亲可爱的爸爸妈妈,他们是孩子们眼中伟大而又平凡的英雄!家长是孩子们最好的榜样,当他们看到国家社会需要帮助时,奋不顾身冲到前线,这种以身作则的奋斗奉献精神便是最好的教育力量。

当"社区红"遇上"志愿红",身穿红色马甲的志愿者向人们宣传疫情防范知识,社区工作者每日摸排统计,为的就是用最少的时间,排查出疑似人员。疫情就是命令,防控就是责任。这个特殊的春节,604班汤林凯妈妈作为皋城村的社区工作者自愿牺牲自己的春节假期,在疫情防控的关键时刻,挺身而出,坚守岗位,冲在疫情防控第一线,她忙碌的身影时常出现在皋城村的8个道路防控检测点上。110班朱琢瑜的妈妈是一名自愿参加疫情防控的志愿者。朱同学说道:"新冠疫情已经持续半个多月了,妈妈今天依旧早起去村里当志愿者。从妈妈的口中,我得知志愿者叔叔阿姨的工作就是向村民宣传有关抗击疫情的消息,了解村里外来人员的相关情况。我为妈妈是他们中的一员而感到骄傲!希望这场疫情能快点结束。武汉加油!中国加油!"310班郑亦轩的爸爸在丁兰街道社区卫生服务中心工作,疫情期间每天监督回杭人员接受14天居家隔离。每天接到任务就要马上打电话去核实他们的情况,询问到杭时间、有无发热等相关情况,然后上门派送医疗垃圾袋、体温计、口罩,告知居家隔离的重要性,争取他们的配合,签订医学观察告知书。309班应悦的爸爸是一名党员,也是一名社区工作者,他积极投入疫情防控的战斗中,挨家挨户走访重点人员、劝离聚会群众,还为隔离人员送去防疫物资和生活必需品,并安抚其情绪。据孩子妈妈说,孩子爸爸为了能更安心地工作,不把病毒带回家,就睡在办公室。只要大家一起努力,就一定会雨过天晴。在新型冠状病毒肺炎这场看不见硝烟的战争中,112班

的滕孟艾家长把年幼的孩子送回老家,毅然决然守护在抗疫的前方。作为医护工作者,滕孟艾妈妈主动申请上前线,夜以继日地救治感染患者。滕孟艾爸爸同样坚守在医护前线,负责后勤工作,保证白衣天使们的工作正常运行。他们是春节无休、24小时待命的前线医护英雄中的一分子(如图4.32)……

这样的家长非常多,他们是孩子最好的榜样,是所有少先队员学

图4.32　210班程逸妈妈在医院前线工作

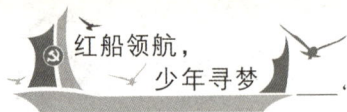

习的楷模（如图 4.33）。

家长	岗位
502 班钱梦滢妈妈	丁兰街道社区医院医生
313 班陈梓萌妈妈	杭州市红十字会医院医生
210 班程逸妈妈	江干区人民医院护士
112 班滕孟艾妈妈	浙江省中医院医生
502 班沈馨叶妈妈	杭州市中医院行政工作人员
110 班朱琢瑜妈妈	志愿者
310 班郑亦轩爸爸	丁兰街道社区卫生服务中心工作者
309 班应悦爸爸	党员、社区工作者
308 班刘熠辉爸爸	党员、丁沿路管控点工作者
604 班汤林凯妈妈	皋城村社区工作者
313 班董赵宇妈妈	三义社区书记
602 班司依静爸爸	杭州树兰医院医生
403 班傅梓歌妈妈	武警浙江总队杭州医院

图 4.33 参加防疫志愿活动的家长

2.高效便捷：空中日记

（1）学生即时记录

学校搭建"空中日记"在线平台，每参与一次活动，学生就能在"空中日记"平台中记录自己的感受体会。学生可以自由选择公开或加密自己的日记，也可以发送至教师端。大部分同学都乐于公开自己对活动的感受，精彩的日记还会引起同学们的评论转发。

在一次看望老人的学习活动中，队员们带着精心挑选的新年礼物，来到了沿山村的绿康老年康复医院，去看望院内的爷爷奶奶们。队员们积极地与老人们进行了交流和互动，学习老一辈人吃苦耐劳的精神，并为他们带去了精彩的节目和新春的祝福。活动后，他们纷纷发表日记记录感言。

中国素有"礼仪之邦"的称号，尊老、爱老、敬老更是我们中华民族的一项优良传统。作为小学生的我们，要把这些传统美德继承下去，在家孝敬老人、孝顺父母，在外文明礼让、富有爱心，争做新时代的优秀接班人。

——张诗语

让我们在空余的时间里多回家看看爷爷奶奶，在没有空的时间里多给他们打打电话。

"老吾老以及人之老"，同学们，用我们的童心、爱心，身体力行地将尊老敬老的习惯牢牢地传承下去，以一带二，以二带群，真正让老人安享幸福的晚年。

——胡城豪

通过这次实践活动，我感受到了新时代翻天覆地的变化，也懂得了善待

老人就是善待明天的自己。让我们踏着和谐的时代主旋律，与胸前的红领巾相伴，沿着习爷爷的步伐，做一个懂感恩、有理想、有责任、有爱心的新时代优秀少年。

——方可馨

"绿康之行"让我见识到了十年前习爷爷对老人的关切之情。他慈祥的面容烙印在我心底，也让我成长了许多。关爱与陪伴让老人们喜笑颜开。让我们都伸出友爱之手，真真切切关怀身边的人，珍惜眼前人，做个有爱心的小学生。

家家都有老人，人人都会老，让我们共同为老人营造温馨幸福的家园。

——张子彦

真挚的语言记录下了孩子们的成长，也让我们从日记中真切地感受到他们对奉献精神的实践和推崇。

（2）家校跟踪反馈

不仅是学生自己写日记，家长也同孩子一起写日记。学校心理健康中心与知名心理学专家夏丁玲老师合作，开展"爱在每一天——妈妈的亲子观察日记"调研活动，让家长们利用这段每日与孩子朝夕相处的特殊时期，更好地了解观察并调整自己的教养方式，更加关注孩子的身心状态。在参与活动的妈妈记录后，学校

图 4.34　丁蕙实验小学"爱在每一天——妈妈的亲子观察日记"

根据 30 天的日记记录，一对一与家长沟通，发送调研报告，私人订制与孩子的相处方式并且追踪孩子的成长表现（如图 4.34）。

（三）双线并进：全景线上与智创线下

自从互联网尤其是移动互联网普及后，在线教育一直被视为传统课堂教学的有益补充。新时代信息技术发展日益迅速，信息技术支撑的线上教育具有大数据、跨时空、效率高、受众面广等特点，而广大青少年学生是信息技术的受益者，开展基于"红船精神"进校园的线上线下共育，可以提高学生参与活动的广度和深度。

一方面，依托各方面资源建立健全线下实践学习基地，开展现场学习和体验式学习等。丁蕙实验小学协同教育局打造了"区教育局初心学院"，作为区第三空间开放，参观者络绎不绝。另一方面，充分利用互联网技术搭建"红船精神"网上学习平台，对学习课程及动态，进行学习体会和交流，并定

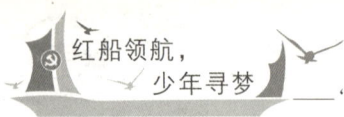

期对学习成果进行展示,还可对优秀的"红船精神"专题课程或班队活动等做线上直播,扩大受众面和影响力。校园网、微信公众号等宣传阵地,亦可用于加强"红船精神"的宣传和学习,向全体少先队员宣传"红船精神"。

1. 全景线上:智能联动

初心学院的活动通过线上的多种载体开展,如通过钉钉线上平台开展"红色经典我来传唱"主题诗朗诵比赛。在以往,受到场地平台的限制,观众只有学生。但是加入钉钉线上的扫码直播后,家长们在家里也可以看到学生们声情并茂的朗诵,还能通过留言、互赞等方式进行实时互动。没有了时空交流界限,学生们表示,要当红船文化的学习者、继承者和传播者,要为红船文化的传承与弘扬,贡献自己的一份力量。

此外,学校还通过人工智能方式,对基础数据、行为数据等进行科学分析管理。云平台利用成熟的数据挖掘技术对教学过程中自然沉淀的课程数据、课件数据、考试数据、测试数据、试卷、资料库等数据进行挖掘,并且利用数据挖掘技术中的决策树方法对所有学员的成绩进行分析,提供统计和分析报表,展现数据中隐藏的相关规律或模式,为决策提供必要和准确的理论支持。

(1)搭建"红船精神"网上学习平台

学校建设了一个"初心智慧大脑"网络学习中心:搭建线上互联网大讲堂,与初心学院线下阵地形成完整体系,支持 PC 和手机等终端,应用 AI、VR、3D 模型、三维虚拟、纱幕全息、自然纸笔书写直接蓝牙投射等智慧技术手段,把红色故事课本剧表演、"不忘初心、牢记使命"主题教育学习、在线信息发布、党员笔记、校本课程开展等融入初心学院的建设中来,发挥更大的宣传教育作用(如图 4.35)。

图 4.35 互联网大讲堂

(2)"红船精神"系列课程线上直播

扩大"红船精神"系列课程的影响力。利用智慧联动的方式,采用全时空、全场景的异地空间联动的多样化模式:一方面可以本地集中,在本地的学院学习,有讲师、学员现场集中学习,实现面对面交流;另一方面多地联动,我校是区教育局初心学院总院,还有其他 8 个学校设有分院,学员们可以集中学习,屏幕内容与主教室完全一致,可随时与主教室进行全方位互动(如图 4.36)。

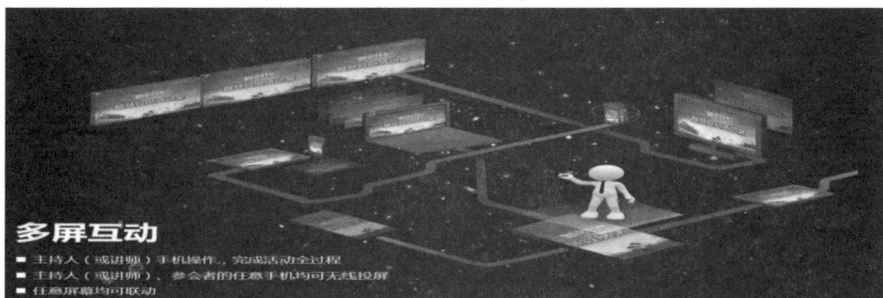

图 4.36　多屏互动

(3)发挥"红船精神"宣传阵地作用,扩大影响力

学校设有"浙江师范大学附属丁蕙实验小学"公众号,通过公众号推文的形式定期向广大师生家长推送"红船精神"校本课程实施的阶段性成果。一方面可以扩大校本课程本身的影响力,另一方面可以让更多的人了解"红船精神",体会其精神内涵,也可以用自己的实际行动去践行"红船精神"。

2.智创线下:实地互动

走进历史,才能思考未来,线下场馆的沉浸式实践与互动能给学生带来非常直观的感受,重温历史,同战士回到战火纷飞、艰苦奋斗的年代。而课程体验式实践是通过一系列的课程项目,让学生在动手实践和认真学习中切实体悟"红船精神"的内涵。

(1)场馆沉浸式实践

在我们党的历史上,艰苦奋斗始终是我们的传家宝,中国共产党党史就是一部艰苦奋斗史。我们党是靠艰苦奋斗起家的,也是靠艰苦奋斗不断发展壮大起来的。在革命年代,环境非常恶劣,艰苦奋斗精神被具体为井冈山精神、延安精神、南泥湾精神等;随着革命事业发展壮大,党取得了政权,并进入和平建设年代,艰苦奋斗精神依然被作为创业之基、强业之路、兴业之本。无论是过去、现在还是将来,艰苦奋斗都是我们共产党人应该具备的优良传统和崇高精神,是我们的革命和建设夺取胜利的法宝。艰苦奋斗对于广大党团员、人民群众;尤其是学校内"90 后"的独生子女教师和"00 后"的学生来说,既是中国精神的传承,又是个人核心素养的重要组成部分,具有重要的教育意义。

2018 年 12 月,杭州皋亭山脚、上塘河畔的丁蕙实验小学在区教育局的指导下,在相关同心圆建设单位的支持下,自行设计、建设了"初心学院"。

学院紧密围绕"艰苦奋斗"主题，建设一个实景与虚拟相结合的红色教育阵地，弘扬艰苦奋斗的好传统，创生初心教育新样态。

馆内设置了许多仿真场景，例如飞夺泸定桥处，采用 VR 技术，可以体验红军与国民党军队艰苦作战的场景（如图 4.37）。桥上是铁索和木板，桥下是万丈深渊，前进时桥会随着人体的重力摇摇晃晃，前方是正在猛烈进攻的敌人，在如此前后夹击的恶劣情况中，战士们飞夺泸定桥。馆内有 VR 设备两台，强力风机一台，摇摇晃晃的吊桥中，三大

图 4.37　飞夺泸定桥场景

场景交互使用，给人感官上的丰富体验。又如过雪山，四川阿坝州的夹金山，是红军翻越的第一座雪山。在此处，设立了 VR 的体验设备和模拟的草原、沼泽地，学生通过 VR 翻过雪山，可以看见无数烈士的尸骨埋葬在冰天雪地里，通过手脚并用，体会长征途中的艰难。

通过全要素、趣味性的实时现场互动，沉浸式、立体化的空间展厅，前来参观的党团员及师生们深受红色教育。

校外红色基地学校坐落于杭州皋亭山脚、上塘河畔，地处孝子丁兰故乡，具有得天独厚的地域文化资源。我区有杭州孝道馆、红色精神教育馆、笕桥机场、杭州海塘遗址博物馆等诸多红色基地，学生可以利用业余时间在校外自主参观。同时学校也会定期组织参观校外红色基地的集体活动。

"走出教室，走出校园"，是学校德育部门通过"红领巾公益课堂"开展思政教育的一种形式，突破空间的限制，将学生的学习场延伸到社会。2019 年 10 月 23 日丁蕙实验小学的五年级师生开启了前往笕桥机场参观空军基地之旅（如图 4.38）。进入基地后，同学们的情绪立刻高涨起来。部队安排了两位参加过国庆 70 周年天安门阅兵的黄班长和袁班长，为全体师生开展了一堂生动的专题讲座。他们结合军事热点，介绍了国庆阅兵中的方队分布情况和创新点。字里行间无不透露出二位班长对此次阅兵盛世的自豪。此外，他们还分享了阅兵训练中的一些感人故事：震撼人心的阅兵方阵背后竟是无比的艰

图 4.38　空军讲解

难辛酸。短短的几十分钟讲座,同学们真实地感受到祖国强大的军事力量和民族凝聚力,爱国主义植根于心中。随后,全体师生来到了空军第83旅的蓝天俱乐部,同学们仔细观察了以飞豹为标志的旅徽,了解了飞豹精神并认真观看了系列宣传片,从中了解了空军83旅的发展历程、功勋战绩和英雄人物。同学们深深体会到了中国航空事业发展的不易,并为祖国今日的成就感到自豪。

像这样的参观学习比比皆是,把校内的学习场空间延伸到校外。这样的学习方式,能实现学生的多维学习,激发学生兴趣和学习动机,为学生开辟大量的自主研究和实践的空间,提升学生的核心素养。

(2)课程体验式实践

与此同时,学校全面加强红色教育资源开发建设,深度挖掘传统地域文化,并将其转化为有用的教育资源,打造具有浓厚地域文化的红船文化博物馆,形成了具有鲜明特色的"红船精神"校本课程体系。

其中围绕"红船精神"开发的"忆苦思甜"校本课程,借助"智慧联动"这一思路,建设一个学习内容不断更新与丰富的体验空间。学校打造线上与线下相结合、多终端全覆盖的教育平台和读书点,争取各级党校、各级基层党组织的联动,成为具有品牌价值的网络教育点和学习点。以新兴的科学技术、3D体感技术实施浸润式教育,帮助学生切身感受20世纪20至80年代的艰苦奋斗历程,感受老一辈革命家坚持不懈、敢为人先的精神品质。这既能提高学生的感悟能力,又能促进学生对红色精神的理解与传承。又如,学习红色文化(朱德的扁担、嘉兴南湖的"红船精神"等故事)可以帮助学生积累古今中外人文领域的基本知识和成果,增进学生理解人文思想所蕴含的认识方法和实践方法,让学生能够主动去靠近美、守护美、学习美,培养他们的人文情怀和审美情趣。此校本课程分低、中、高三个阶段,以身临其境——一次体验式的参观;洗涤心灵——一个历史式的故事以及自我导演——一场引领式的舞台剧为主题编写了符合小学生身心发展特点的教材。以小学低段为例,一二年级的孩子刚刚进入校园,对学校环境不太熟悉,家长们也对学校不太了解,对学校的认识需要从体验式的游园中得以加深和满足。因此,在一二年级中设置一场身临其境的体验式参观课程,能够让家长与学生一起走进学校,热爱学校,为学生成为一名合格的少先队员夯实基础。

三、红船课程的实施与策略

校本课程的开发基于学生的喜好、学校的条件以及学校的培养目标,这三者不是相互独立的,而是密切结合在一起的。从培养目标角度出发,《中

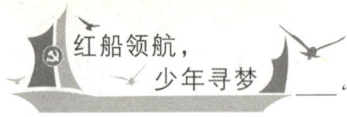

小学德育工作指南》指出，要继承革命传统，传承红色基因，培养学生对党的政治认同、情感认同、价值认同，不断树立为共产主义远大理想和中国特色社会主义共同理想而奋斗的信念和信心。时光在流转、社会在发展，而优秀的文化和精神历久弥新、熠熠生辉。"红船精神"是中国共产党的革命精神之源，具有重要的育人价值，蕴含着丰富的德育价值。为了让青少年儿童把"红船精神"内化于心、外化于行，传承红色基因，让"红船精神"成为推动教育改革发展、办人民满意教育的强大精神动力，我校依托"红船精神"课程撬动学校整体变革，用"红船精神"课程的校本实施整合打通学校所有工作，认真贯彻上级"'红船精神'进校园"工作指导意见，充分挖掘本土红色资源，传承学校优秀传统文化，扎扎实实开展"红船精神"教育，形成了一整套行之有效的工作策略，创造了学校课程特色，取得了显著成效。

我校"红船精神"课程体系有着鲜明的学校特色，我们根据课程功能的分类将课程分为基础性课程、拓展性课程和综合性课程。对于学生来说，"红船精神"是比较抽象的，因此学校通过校本课程的形式将"红船精神"有形化。精神虽然是抽象的，但是精神的力量是无穷的。"首创、奋斗、奉献"，这些概念对于小学生来说并不是那么容易理解，他们学习的兴趣也不是很高涨。但是，在"红船精神"领航下，学校积极探索红色德育特色课程建设之路，让学生追寻红色足迹，感受红色情怀。让抽象的"红船精神"有形化，让小学生在生活中、在自己身边的人和事中体会"红船精神"，在实际生活中践行并传承"红船精神"。

（一）基础性课程

1. 课程目标

从目的上看，基础性课程以学习基础知识和基本技能为主，注重知识的传授。基础性课程为知识奠基课程，让学生在基础课堂中学习"红船精神"，了解红船故事，感悟革命先辈们的精神品质。基础性课程不仅注重知识、技能的传授，也注重思维力、判断力等的发展和学习动机、学习态度的培养，在这个过程中除了让学生对"红船精神"有一个更加直观的了解，还要培养学生的高阶思维能力和正确的价值观。基础性课程的内容是不断发展的，它会随学段的不同而有所不同，所以我们针对不同的年段设计了不同的基础性课程，从而贴合学生的年龄特点与认知水平。

根据学习内容的差异，课程内容主要分为三大类别：一是渗透日常常规、有鲜明主题的少先队课程，比如以"奉献"为主题的学习雷锋精神，主要是培养和传承奉献意识，重在让学生乐于奉献，敢于付出。这是三类课程中最基本的，但也最需要获得老师、学校的组织与引领，家庭的支持。二是具

有及时性、互动性的每日之声课程,比如孝廉谈话,在15分钟内,与学生进行一个简短的互动分享,课程更具有时效性。三是让学生利用资源观察学习的红心晨谈课程,通过微课堂的学习让"红船精神"随时随地浸润学生。后两类课程的开展需要一定的技术支持,在课程设计时需要充分考虑条件的可行性与学生的年龄特点。

2. 课程内容设计

"红船精神"的基础性课程依托于党的历史,符合小学生年龄特点和认知水平,所以内容的设计上具备严谨性和趣味性(如表4.1)。

表4.1　红船领航,少年寻梦·奋斗篇课程内容安排

主题	年段	备课年级	报道	统稿
走进井冈山	低段	临风一年级	临风一年级	临风一年级
	高段	丁蕙四年级	丁蕙四年级	
万里长征难	低段	临风二年级	临风二年级	临风二年级
	高段	丁蕙五年级	丁蕙五年级	
飞夺泸定桥	低段	临风三年级	临风三年级	临风三年级
	高段	丁蕙六年级	丁蕙六年级	
红军过雪山	低段	二小一年级	二小一年级	二小四年级
	高段	二小四年级	二小四年级	
黄崖洞兵工厂	低段	二小二年级	二小二年级	二小五年级
	高段	二小五年级	丁蕙五年级	
南泥湾开荒	低段	二小三年级	临风三年级	丁蕙四年级
	高段	丁蕙四年级	丁蕙六年级	

(备课资料包括:1.教案　2.课件　3.微课)

经过学校校本课程团队的研讨,我们选择了6个适合小学生学习的主题:走进井冈山、万里长征难、飞夺泸定桥、红军过雪山、黄崖洞兵工厂、南泥湾开荒。每个主题按低段、高段进行划分,分别由相应的年级组组成备课团队,完成"研讨—选材—编制—教学"的四步走过程。这既是按历史的时间线编排的,也是参考了我校初心学院场馆建设还原的几个历史场景,能够更加扎实地推进基础性课程建设。

3. 课程实施

"红船精神"的基础性课程分为"知识学习—认知内化—场景体验—评价互助"四个环节(如图4.39)。

图4.39　基础性课程实施环节

以"红船领航，少年寻梦·奋斗篇"的"走进井冈山"为例展开描述：

（1）知识学习

井冈山革命根据地是土地革命战争时期，中国共产党在湖南、江西两省边界罗霄山脉中段创建的第一个农村革命根据地。这离小学生的生活实际还是较远的，所以在课前以红色歌曲《红米饭南瓜汤》导入，将学生带入那个艰苦奋斗的年代。再通过两个井冈山故事——一根灯芯和一根扁担，来进一步了解井冈山时期人们的生活状况。小故事的形式更加贴合小学生的年龄特点，能够进一步激发学生对井冈山时期生活的浓厚兴趣。

（2）认知内化

一根灯芯和一根扁担不仅是井冈山时期生活的写照，其中更是蕴含着井冈山精神，让学生通过这两个革命故事来了解井冈山精神的内涵（如表4.2）。

表4.2　学生对井冈山精神的理解

生1：朱德爷爷能够和战士们同甘共苦。
生2：我觉得毛主席和朱德爷爷都有一个特点，那就是他们非常节约。
生3：他们都没有摆领导的架子，非常亲民。
生4：那个时候条件非常艰苦，我认为井冈山精神就是勤俭节约。

学生经过热烈的讨论对井冈山精神有了初步的了解，对他们的行动都有自己的感悟，这就是一种认知的内化（如图4.40）。

（3）场景体验

除了故事讲解外，教师还会给学生播放录制好的微课，在微课中展现了当时的历史场景，让学生在多媒体中体验井冈山的历史场景。此外，我校初心学

图4.40　走进井冈山课堂展示

院中有"一根灯芯"和"一根扁担"的实景，学生能够挑一挑扁担，感受挑扁担的重量，进而想象朱德白天挑粮，晚上构思作战策略的辛苦（如图4.41）。

图4.41　"一根扁担"实景

116

(4)评价互助

选择一个井冈山时期自己感兴趣的故事,通过上网查询、询问父母长辈,了解更多有关这个时期的事件,和同学一起展示交流。有机会可以参观了解红色故事发生的地点,发现了解每个故事背后更多鲜为人知的小细节。

小学高段"走进井冈山"教学设计

活动背景:

"红船精神"是中国共产党与生俱来的伟大革命精神。这个革命精神,使我们党由小变大,从弱到强,推动中国革命在艰难中奋进、在曲折中前行,从而取得举世瞩目的伟大胜利,从这个意义上说,它就是中国共产党革命精神的源头。"红船精神"是值得我们永远珍视的财富,具有永恒的价值。毛泽东等老一辈中国共产党人领导创建了井冈山革命根据地。当年,他们用热血和忠诚在井冈山艰苦卓绝的岁月里,铸就了共产党人的灵魂——井冈山精神。这种精神,是中国共产党革命精神的一座丰碑,记录着当年的辉煌与壮丽。

教育目标:

1.知识目标:让学生知道井冈山精神的内容及其内涵,重点学习当代小学生缺失的两个精神:坚定信念与艰苦奋斗。

2.能力目标:培养学生善于思考的能力,勇于提出和解答问题的能力,能够践行井冈山精神。

3.情感、态度、价值观目标:让学生深刻意识到坚定信念与艰苦奋斗在学习生活中的重要性,从而自觉内化为行动,乐观、努力、快乐地生活学习。

前期准备:井冈山精神视频、故事收集

教学过程:

课前导入

红色歌曲《红米饭南瓜汤》导入,悠扬的曲调很容易把我们带入那个艰苦的年代,然后提问学生:这是哪个时期、哪个地方发生的什么事? 根据学生的回答,教师再进行总结:这是第一次大革命失败后,红军在井冈山革命根据地自力更生、艰苦奋斗的事,从而轻易地进入本节课所要学习的内容。

一、革命故事我来读

1.关于井冈山的故事大家想不想听? 接下来就让我们通过两个革命故事来了解井冈山精神。

2.出示:一根灯芯,一根扁担。

3.一根灯芯

(1)是谁点亮了这根灯芯?

生：毛主席。

(2)学生自由读一根灯芯的故事。

(3)你看到了怎样的毛主席？

生：勤俭节约，带头示范。

4.一根灯芯

(1)又是谁拿起了这一根扁担？

生：朱德。

(2)学生自由读一根扁担的故事。

(3)你仿佛看到了一个怎样的朱德？

生：红军官兵一致，是大家的好榜样。

二、革命故事我来议

1.故事是讲给人听的，人们爱听才是好故事，人们接受故事中的事和理才是好故事。为此，必须拉近故事和现实的距离，使受众身临其境、感同身受，从而走进故事、有所感悟、汲取力量。小朋友，你还知道什么故事吗？

2.议一议

(1)故事：毛主席住处有一片苇子地，夏天青蛙叫得人睡不着觉，警卫员们就商量着要把苇子地割掉，也征得了当地老乡的同意。可向毛主席汇报后，遭到了坚决反对。毛主席说，苇子既可以编席子，又要包粽子。你们割了它，让老百姓怎么生活。于是毛主席的休息虽然因青蛙的鸣叫受些影响，但老百姓的利益得到了保护。

(2)毛主席为什么这样做？

生：为老百姓着想。

(3)故事：宣布部队必须做到：一，行动听指挥；二，不拿老百姓一个番薯；三，打土豪筹款子要归公。

(4)你觉得毛主席这样做怎么样？

生：清廉，不拿群众一针一线。

三、革命故事我来品

1.播放视频：井冈山上的十二分节俭

四、革命精神我来说

1.选择一个感兴趣的故事，通过上网查询、询问父母长辈，了解更多有关这个时期的事件，和同学一起展示交流。

2.有机会可以参观了解红色故事发生的地点，发现了解每个故事背后更多的鲜为人知的小细节。

3.评一评(如图4.42)

我做的事情是:	
自己评	☆☆☆☆☆
同学评	☆☆☆☆☆
老师或家长评	☆☆☆☆☆

图4.42 "评价表"

五、革命精神我能行

1.比较两幅图片:

(1)不想去学校,不想学习(2)挑灯夜读,刻苦学习

2.你是哪一种?你想做哪一种?

学习是辛苦的,十年寒窗苦读。学习的苦和革命先烈们经历的苦相比较,根本不算什么。

3.议一议:学习中的"井冈山"精神

(1)学习上缺乏"井冈山"精神表现有哪些?举例说明。

学习上缺乏勤奋、踏实精神,害怕吃苦;缺乏积极进取的精神,满足现状;墨守成规,缺乏创新精神。

(2)在学习上,我们应该如何学习革命先辈们艰苦奋斗的井冈山精神?

顽强拼搏、勤奋刻苦,培养不怕困难、不怕挫折的精神,遇事要迎难而上,不要畏难而退。

六、总 结

古语有云:路漫漫其修远兮。人的一生是很漫长的,同时会面临无数的挫折,因为成功是一个化整为零、循序渐进的过程,并非一蹴而就的坦途。这时需要我们胸怀理想并坚定信念,把握生命中的每一分钟,为我们最初的梦想艰苦奋斗,我们坚信风雨过后必将看见美丽的彩虹。

(二)拓展性课程

1.课程目标

拓展性课程为个性化发展课程,以培育学生的主体意识、完善学生的认知结构、提高学生的自我规划和自主选择能力为宗旨,着眼于培养、激发和发展学生的兴趣爱好,开发学生的潜能,促进学生个性的发展和学校办学特色的形成,是一种体现不同基础要求、具有一定开放性的课程。

学校立足于红色场馆,如红心队室、初心学院以及校外丰富的红色教育馆,让学生探索和学习红色基地蕴含的丰富历史知识。在体验红色历史的进程中,丰富学生的学习资源和学习经历,获得自己对"红船精神"的感悟。在场

馆的浸润下、拓展性课程的实施中，渗透红色内涵，增强学生的民族责任感、使命感、荣誉感、归属感，内化"红船精神"，激发学生的爱国情怀。

2.课程内容设计

学校结合"红船精神"的三大内涵和学生学习兴趣点设计并研发拓展性课程。一共有三类课程，一是一月一节的主题性活动，二是在红心队室开展的特色性活动，三是依托初心学院的每周队、团课。主题性活动是对日常学习的提升，每月都有一个主题，围绕这个主题开展多项活动，在主题性活动中学生是主体，充分保障学生的主体地位，渗透"红船精神"教育。特色性活动是对主题性活动的补充，在多形式、多样化的课程中引导孩子感知、践行、弘扬"红船精神"。依托初心学院的每周队、团课是针对我校初心学院这一特色场馆而设计的，这是一个实景与虚拟相结合的红色教育阵地，以弘扬"艰苦奋斗"的好传统，创生"红船精神"教育新样态（如表4.3）。

表4.3 拓展性课程内容设计

模块	主题	主要内容
主题性活动	科技节——首创精神	树叶画创作、乐器制作、纸桥制作、不倒翁制作……
	智慧节——奋斗精神	绘制抗击疫情电脑小报、DIY防疫特品、搭建未来医院模型……
	生命节——奉献精神	了解生命的诞生与延续的全过程
特色性活动	体验式活动:看望老兵	走访看望"抗美援朝"抗战老兵，体会到战斗英雄不畏艰难、无私奉献、大公无私的革命情怀
	浸润式活动:班容班貌评比	班级文化建设围绕"红船精神"进行布置，二、三年级开展队容队貌评比活动
	实践式活动:少先队入队仪式	线上入队仪式，587名新队员加入中国少年先锋队，14个新中队成立
每周队、团课	传唱初心之声:阅读活动	以"品红色经典，做有志少年"为主题，开展诵诗会
	奋进初心之路:少年团校	少年团校培训班在我校初心学院正式开班
	落实初心之行:场馆参观	丁蕙学子在初心学院中沉浸学习"红船精神"

我们将课程的资源进行了有效整合，课程实施嵌入化。学校将拓展性课程与国家基础性课程整合，注重不同年级、不同学科知识的统整。根据学科内容和特点，结合学生的学习需求和兴趣等因素，在不增加学习负担的前提下，用嵌入式方法进行课程整合和实施，使得拓展性课程一一落地生根。

3. 课程实施

"红船精神"的拓展性课程分为"选定主题—分组合作—体验实践—评价展示"四个环节(如图4.43)。

选定主题 ➡ 分组合作 ➡ 体验实践 ➡ 评价展示

图 4.43 拓展性课程实施环节

以一月一节的主题性活动之"孝廉节"为例展开描述:

(1)选定主题

每年的5月份是我校的"孝廉节"活动,围绕"孝""廉"二字,根据课程设置的基础性、选择性、综合性原则,学校经过研讨,制订了一系列的主题。一年级备孝礼、二年级亲子秀、三年级漫画展、四年级换角色、五年级做美容、六年级诉心语。每个年级的活动主题不同,形式不同,贴合学生年段特点。此外,面向全体学生开展"评比一名小孝星,推选一户廉洁家庭"的活动,让活动的覆盖面更加广泛。

(2)分组合作

选定主题后,由班主任组织学生进行分组,将不同水平的学生均匀地分到一组,平衡各个小组的能力。学生根据自己的兴趣点和疑问进行分组,并在完成活动任务单的制订后,分配任务(如表4.4)。分好组后,班主任需要对学生进行必要的指导,布置具体的任务。活动任务单的设计过程需要教师与学生一同在课堂上探讨,教师充当小组的协调人,并持中立原则,使课堂成为学生的论坛,尊重学生的不同观点。

表 4.4 五年级"做美容"任务单

五年级"做美容"任务单	
对象	父亲/母亲
内容	例如:梳头、按摩、洗脸、化妆
感受记录	1. 2. 3.
父母反馈	父亲: 母亲:
小组交流	组员1: 组员2: 组员3:

（3）体验实践

学生分小组活动，完成自己的活动任务单，在整个过程中组员间随时进行交流与补充。在体验实践的过程中，学生能够切身体会"孝""廉"二字的意义，进而感悟父母的养育之恩，明白艰苦奋斗的意义。实践出真知，体验实践是"红船精神"拓展性课程实施过程中最重要的一个环节（如图4.44）。

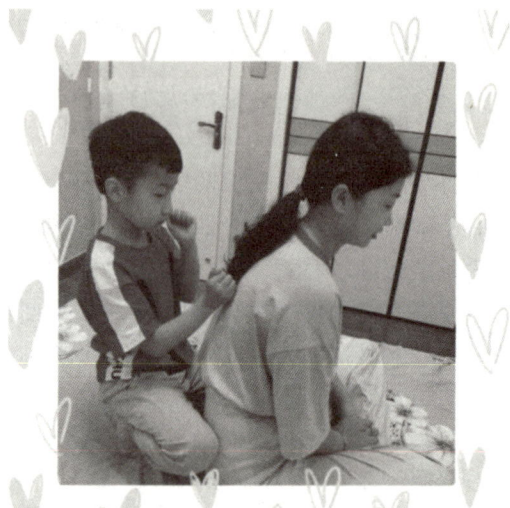

图4.44 孝廉实践活动

（4）评价展示

在学习结果的评定中，教师不只是一个对照预定目标打分的评定者，而应对学生的活动过程加以评价。评价应该是多元化、个性化的，包括自评、互评、小组式评定等。拓展性课程的评价中，展示成果也是一种非常重要的形式。由学生自主展示，再给予评定。

其乐融融一家亲——"蕙美德府"孝廉节活动方案

活动宗旨：

为进一步弘扬孝德文化，形成浓厚的孝廉文化氛围，教育和引导学生树立孝廉观和正确的世界观、人生观、价值观，使学生在潜移默化中受到教育，全面提高学生的道德素质和文明程度，从而达到人人孝敬父母、以孝兴家、以廉兴家的新风尚。

活动主题：其乐融融一家亲

活动时间：2020年5月6日——2020年5月31日

参加对象：全体学生

活动内容：

活动内容	活动形式	具体要求	活动年级
备孝礼	为爸爸妈妈各准备一份自己亲手制作的礼物	5月10日（母亲节）当日送给妈妈礼物，班级自行定一天时间（5.22之前）送礼物给爸爸，班主任积极鼓励群内晒礼物	一年级
亲子秀	征集爸爸妈妈和我的照片，细细品味亲子到底有多像	照片可以是爸爸妈妈老照片和孩子照片的比较，可以是旅游合照，也可以是摆相同的造型现拍的照片，把爸爸妈妈的照片和孩子拼图	二年级
漫画展	利用周末，让孩子观察爸爸妈妈一天，用漫画的形式记录下来	利用周末，让孩子观察爸爸妈妈一天，用漫画的形式记录下来，感受爸爸妈妈的辛苦，可以在漫画中适当配点文字，表达对爸爸妈妈的爱	三年级
换角色	利用周末，孩子当一天家长	利用周末，让孩子当一天家长，承包家中的家务，并完成一篇周记，谈谈自己的感想，周记完成后，也请爸爸妈妈对孩子表现做一个反馈	四年级
做美容	给爸爸妈妈做一次美容	每位同学给爸爸妈妈做一次美容，可以给爸爸梳梳头、放松按摩，可以给妈妈洗洗脸，有能力的可以给妈妈化化妆，在此过程中观察年岁在爸爸妈妈身上留下的痕迹，并以此活动为题材完成一篇周记，在周记中谈谈自己的感想，周记完成后，也请爸爸妈妈对孩子表现做一个反馈	五年级
诉心语	给爸爸妈妈写一封信，并让爸爸妈妈回信，写信内容不限，可以借写信给爸爸妈妈说说心里话	各班自备精美的信纸	六年级

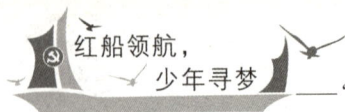

(续表)

活动内容	活动形式	具体要求	活动年级
推孝星	每班推选一名小孝星	深入学习贯彻党的十九大会议精神，积极培育和践行社会主义核心价值观，通过寻找、发掘、宣传新时期"孝心少年"的典型代表，展现他们孝敬长辈、自强不息、阳光向上的感人事迹和美好情操，讴歌具有时代感的中华民族传统家庭伦理道德，积极营造尊老、爱老、敬老的浓厚氛围，全面推进青少年思想道德建设	全体同学
访廉户	每班推选一户廉洁家庭	深入学习贯彻党的十九大会议精神，积极培育和践行社会主义核心价值观，进一步增强廉政文化渗透力，引导和激励学生及其所在家庭知廉、助廉、守廉，倡导良好家风，筑牢拒腐防变的家庭防线。积极营造浓厚的廉洁氛围，全面推进青少年思想道德建设	全体同学

(三)综合性课程

1.课程目标

综合实践活动是从学生的真实生活和发展需要出发，从生活情境中发现问题，转化为活动主题，通过探究、服务、制作、体验等方式，培养学生综合素质的跨学科实践性课程。综合性课程为知识、经验、社会的课程统整，针对学生学习内容加以有效的组织，打破现有学科内容的界限，让学生获得较为完整的知识，全面提升学生对"红船精神"的认识与践行。丁蕙实验小学立足于区丰厚的红色资源，以"践行'红船精神'"为切入点，充分利用江干区丰厚的红色资源，探索潜在的育人方式，积极开展形式多样的活动，传承并践行"首创""奋斗""奉献"精神。

"红船精神"代代传，借助综合实践活动的东风，激发孩子们的创新意识，磨炼孩子们的意志，鼓励孩子们去奉献，提升他们的各项能力。拓宽"红船精神"校本课程的实施路径，稳步推进学校德育工作，让学生在综合实践活动中受到浸润与感染，并不断地用实际行动去践行，让立德树人深入人心。

2.课程内容设计

课程内容分为三类:一是研学旅行,二是家校协同,三是小队活动。学校积极推动研学旅行实践,植根创新精神,逐步构建起丁蕙实验小学"红船精神"研学教育模式;利用家校协同,激发奋斗精神,整合家校资源,拓展课程实施范围;借助小队活动,培养奉献精神,在志愿服务、分享活动中提升各方面的能力。

表 4.5　综合性课程内容设计

必修课程			选修课程
创新精神	奋斗精神	奉献精神	
一、二年级			
任务驱动,学创新	提升环境,懂奋斗	自学自读,乐奉献	孝道馆
三、四年级			
类型多样,敢创新	树立榜样,学奋斗	志愿服务,多奉献	低碳科技博物馆
五、六年级			
互学互助,知创新	整合资源,勤奋斗	分享活动,讲奉献	笕桥机场

我们根据可行性、自主性、多样性原则设计活动内容,活动课程实行双向选择。我们将课程内容分成必修和选修部分(如表 4.5)。必修课程按照学生年龄特征,在各个年级段的综合性课程中融入"红船精神"的教育,是由学校统一组织的全班、全校性课程。选修课程则是学生可以自主走班选课,由学校提供活动项目菜单,学生根据自己的年段、爱好提出申请,学校根据选课情况,对课程进行统筹安排。选修课程是该年段必修课程主题内容的延伸,根据学生家庭的需要有选择地开展活动。我们课程研发团队为每个选修课程内容做好任务清单,并形成任务清单册,在开学时发给每一位家长。在学习的过程中,学生记录获得的知识,班主任负责将其收集到学生成长手册中。

3.课程实施

"红船精神"的综合性课程分为"合理筛选,开发课程—提前准备,创设条件—流程合理,交流充分"三个环节(如图 4.45)。

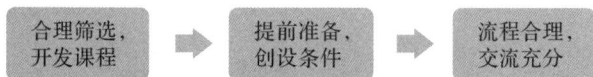

合理筛选,开发课程 ➡ 提前准备,创设条件 ➡ 流程合理,交流充分

图 4.45　综合性课程实施环节

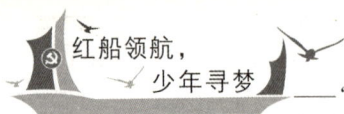

以研学旅行——"初心学院:研学长征路"为例展开描述(如表4.6):

表4.6　场馆学习内容

类别	具体指向
纪念馆	丁兰孝廉馆:孝子"丁兰"事迹
部队、军政旧址	笕桥机场:军事航天航空发展历史
烈士陵园	李成虎烈士墓、革命烈士纪念碑
博物馆	初心学院

(1)合理筛选,开发课程

我校立足于校园的特色教育空间,在校内开辟了一方红色教育基地——初心学院。这是区内教育"第三空间",也是红领巾公益课堂。初心学院内关于长征路的实景和虚拟技术场景比较多,所以我们充分利用校内场馆资源,开发"重走长征路,重温长征魂"的研学课程,制订课程开发框架,对课程目标、课程内容及课程教学策略进行清晰界定,组织教师进行实验检验、评价改进,再编订课程。

(2)提前准备,创设条件

在开展"重走长征路,重温长征魂"的研学课程之前,一定要做好充分的准备。根据主题选择准备好交流素材,我们制订了"四会"任务(如表4.7):会唱四首经典革命歌曲、会讲四个长征故事、会解说四个长征场景、会做四件艰苦奋斗的好事。学生根据"四会"任务,准备交流素材。这些任务统整了语文、美术、音乐等学科,让学生综合各个学科的认知进行实践研学活动。"四会"任务单清晰明确,任务驱动着学生开展研学活动。

表4.7　"四会"任务单

重走长征路,重温长征魂	
会唱四首经典红歌	所有队员学唱四首经典革命歌曲,即《告别》《突破封锁线》《遵义会议放光辉》《四渡赤水出奇兵》。红色歌曲引导同学们树立起坚定的信念,在行军途中唱起来鼓舞士气,在就餐前唱起来感悟幸福生活来之不易。
会讲四个长征故事	所有队员会讲四个长征故事,这四个故事由学生自主查找资料了解练习,并举办讲长征故事比赛。例如《担架上拔河》《马背上的小红军》等等。
会解说四个长征场景	初心学院内有爬雪山、过草地、强渡大渡河、飞夺泸定桥这四个历史场景,学生通过解说了解历史,并进行"小小讲解员"评比。
会做四件艰苦奋斗的好事	做四件有益于他人或有益于社会的好事,详细记录并抒发感悟,制作成精美的绘画小报。从思想回归到行动再回归思想意识。

（3）流程合理,交流充分

在"重走长征路,重温长征魂"的研学课程中,教师是活动的组织者,要体现学生的主体地位,因此教师在组织综合性学习活动中,会给足时间让学生去交流、去创新,教师要善于调动活动气氛和合理分配时间。教师同时要及时并善于发现学生的困难,并指明方向,这样才能达到事半功倍的效果。如果教师只是一味地放手让学生自由去完成,有些时候会徒劳无获。在活动的过程中,教师在设计的时候应科学合理地进行布局设想。比如会讲四个长征故事,首先要让学生小组 CEO 分配本组探究任务,接着根据主题收集资料,制作 PPT,其次小组汇报,带领全班进行长征之旅,最后师生点评,小结谈收获。合理的活动设计,让学生在课堂上充分体会到学习的快乐;及时进行奖励表扬,让学生感受到成功的喜悦。

圆梦篇

"红船精神"的评价体系

一、"红船精神"星级评价体系的构建

精神的弘扬与传承需要教育的力量,落实立德树人的根本任务更需要精神的激荡。《中小学德育工作指南》指出,要继承革命传统,传承红色基因,培养学生对党的政治认同、情感认同、价值认同,不断树立为共产主义远大理想和中国特色社会主义共同理想而奋斗的信念和信心。时光在流转,社会在发展,优秀的文化和精神历久弥新、熠熠生辉。"红船精神"是中国共产党的革命精神之源,具有重要的育人价值,蕴含着丰富的德育资源和教育价值。[1]

丁蕙实验小学自主开发符合学校实情的"'红船精神'评价体系"(如图 5.1),以课程为脉络,既包含过程性展示和评价,又包含终极性评价。课程的评价机制是课程建设的持续动力,在课题研究的实施过程中,根据课程目标优化课程评价体系,以激发学生参与课程的主动性。

学校将"红船精神"系列课程的评价集中在专门为学生设计的"蕙伢儿存折"上,每学期末根据存折上的分值评选各级"蕙美少年"。学生平时还会在相应的课程或活动中获得"奖章"和"奖券",这也会兑换成相应的分值记录在学生自己的存折里。

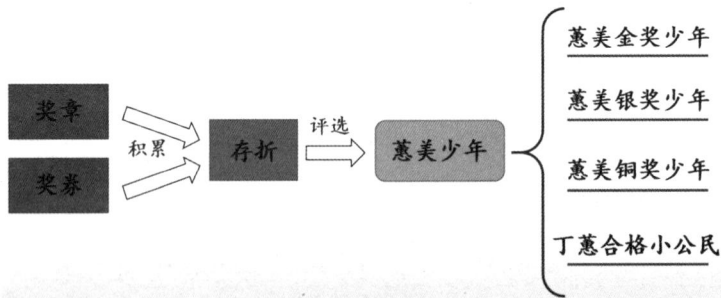

图 5.1 "红船精神"系列课程评价体系

---

[1]徐海莹.《"红船精神"德育价值践行与弘扬路径研究》.中小学德育,2020,(1):44.

(一)基于"红船精神"的过程性学习评价

1.激趣:蕙伢儿存折评价

这是课程学习的通行证。每一位学生都有一本"蕙伢儿存折",存折内含学生选择的课程内容、课程名称、班级和指导教师,同时又包含了平时课程的到课率情况的记载。每个学生每次参加"红船"系列课程学习都手持"蕙伢儿存折"前往,学生拿着"存折"进入每个"学习区"学习。一个"学习区"一种颜色,教师在"存折"上对每一次走班学生的学习情况给予评价,参与一次课程学习得 5 个分值。

2.促学:蕙伢儿奖章评价

在过程性评价中,根据"蕙伢儿存折"上的评价,学校为每位开展课程的指导教师都设计了课程专利章,并制订了评比标准,每次学习达到评价标准内的要求则获得奖章,并在学生的"存折"上进行敲章,每个奖章获得 5 个分值。在课程学习中参加校级以上比赛获奖,则得到课程学习专利章,每个奖章 10 个分值(如表 5.1)。

表 5.1 "蕙美争章"评价内容和标准

评价内容	评价标准
课前准备	1.积极参加自主申报的课程学习,并遵守各项课程学习制度,按时上课,不无故缺课。
课中学习	2.能认真完成拓展性课程学习的任务和要求,受到老师、同学好评。
课后拓展	3.对拓展性课程(社团)的活动感兴趣,能积极参加各种展示、竞赛活动,成绩优异。

3.成长:蕙伢儿奖券评价

针对各项活动,学校为每个孩子设计了"红包奖励券"(如图 5.2),分别是:班级抽奖券、展示券、免作业券、游园券、奖励券(如图 5.3)以分值积累在存折上,期末可以根据存折分值获得相应的"蕙美少年"称号,也可以凭奖券去领取奖励。如凭奖励券获得神秘礼物,凭游园券打卡游园各项活动,二者取其一。奖励券的获得方式如下:

◎**学生自我学习评价** 每位课程的指导老师在课程的学习过程中都会根据该课程的学习特点设计评价量表,主要用于平时学习中对学生的评价,既有自我的评价,也有同伴和老师的评价。如"每月自评打星"中,教师设计了这样的评价量表。(如表 5.2)

图 5.2　蕙伢儿红包奖励券

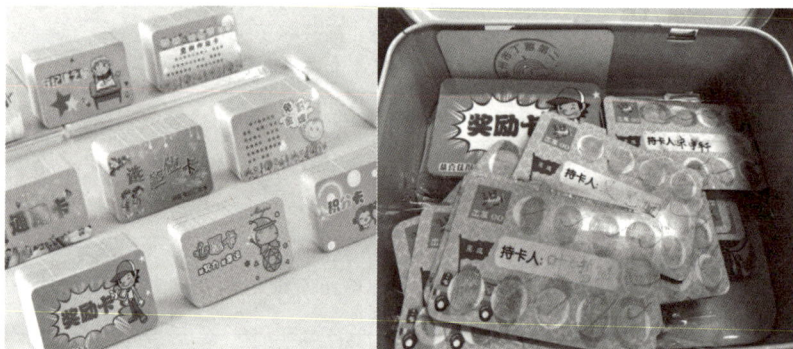

图 5.3　蕙伢儿奖励券

表 5.2　每月自评打星表

课前准备（　）☆	课堂纪律（　）☆	课中讨论（　）☆	课后延伸（　）☆
合作学习（　）☆	课堂展示（　）☆	学习态度（　）☆	红船日记（　）☆
总共（　）☆　传承红色文化，发扬"红船精神"，我们在行动！			

评价标准：☆☆☆表示卓越　☆☆表示精锐　☆表示达标

◎**家长参与式评价**　在课程的学习中,我们充分发挥家长的资源,根据家长从事的不同职业,邀请家长进学校进行课程的指导,建设"家长学院"。如在"爱牙护牙"课程的学习中,我们都邀请具有专业知识的家长进校讲课,平时节假日利用假日小队的组织形式去参观和访谈。在课程的学习中,学校制定评比规则和要求,请家长参与进行评价。"阅读节"之《上下五千年》的评价:按照以下评价内容,家长根据学生在家的阅读情况进行评价,然后由老师根据孩子在校、在家的表现进行综合评价,另外,家长评价优秀的即可获得奖券(如表5.3)。

表5.3　"阅读节"之《上下五千年》评价表

书本名称	阅读时间	阅读时长	收获感悟(学生自己填写)	等级评价
《上下五千年》				
评价标准:☆☆☆表示卓越　☆☆表示精锐　☆表示达标				

4.提升:蕙伢儿展示评价

学生在校展示的机会很多,在孝廉节、阅读节、艺术节、周一晨会、游园活动、科技节及各项比赛中进行展示都可以获得奖券,获得校级及以上奖励的学生,在获得奖励券的同时还可获得对应奖章。

(二)基于"红船精神"期末晋级式评价

在课程学习中,学生根据各维度的评价,获得对应奖励,到期末课程学习结束,每个学生根据自己所得的奖章、奖券等核算分值,评选期末的"蕙美少年",根据评价标准评选出"金奖""银奖"和"铜奖"少年。在该课程的学习中只要获得区级及以上两次获奖可以直接评为"蕙美金奖少年"。每个课程的分值根据课程开展情况由指导老师和学生共同计算,因此,每个课程的分值也各不相同。每个学生只要达到该星级标准均可获得,若未达到评选分值,只要在课程学习中表现认真,都有获得"蕙美合格小公民"称号的机会。期末根据获星情况评选出"蕙美金奖少年""蕙美银奖少年""蕙美铜奖少年",进行隆重表彰(如图5.4)。

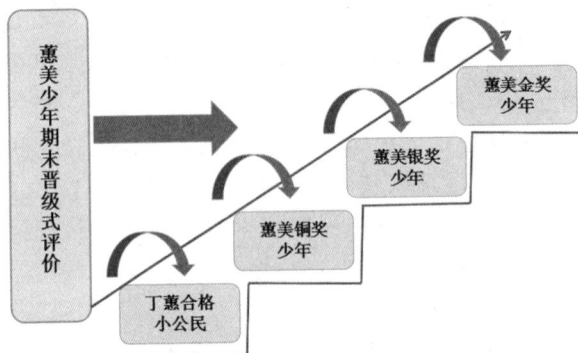

图 5.4　蕙美少年期末晋级式评价

二、"红船精神"星级评价体系的应用

"红船精神"是红色革命精神之一，是党的先进性之源以及精神财富的集中体现。真正发扬"红船精神"要从小学生抓起，将开天辟地、敢为人先的首创精神，坚定理想、百折不挠的奋斗精神，立党为公、忠诚为民的奉献精神渗透在小学生的学习和生活中。

2014 年教育部研制印发《关于全面深化课程改革落实立德树人根本任务的意见》，提出"教育部将组织研究提出各学段学生发展核心素养体系，明确学生应具备的适应终身发展和社会发展需要的必备品格和关键能力"[1]。最终形成研究成果，确立了六大学生核心素养，与"红船精神"在小学教育的方方面面不谋而合。丁蕙实验小学秉承"生命·生态·生长"的办学理念，以培育"蕙雅""蕙思""蕙行""蕙心"为目标的"蕙美"学生，形成了自己的"三S课程体系"，从常规课程、拓展课程、实践课程三个维度，着重培养学生的"红船精神"。

校本课程的评价功能得到最大限度发挥的关键在于有一套科学合理的校本课程评价方案。教师要善于发现学生的新变化，将评价贯穿到日常的教学活动中，而不是孤立于学习活动之外。同时，由于校本课程以满足学生的兴趣需求和发展学生的个性为价值取向，因此，每一门课程在进行评价时，教师要多采用表现性评价，提供给学生真实的任务，以全面、真实、深入地再现评价对象发展的特点。

第一，主体参与式评价。学生是教学的主体，是学习的主人。让学生主动参与教学过程是学生认识世界的过程，是调动学生积极参与从而主动掌

---

①《关于全面深化课程改革落实立德树人根本任务的意见》节选[J].教育科学论坛,2017(20):3—5.

握知识、技能的过程。因此我们坚持主体参与的原则,充分调动学生学习的积极性,让学生在参与中获得知识、掌握技能,提高能力,主动评价。

第二,自主选择式评价。在实施课程评价的过程中,有的课程采用自主选择式评价,由老师对评价方式进行规划,学生根据自己的实际情况自主选择。在评价主体上可以是自评、互评、家长评和教师评,在评价内容上可以选择手抄报、讲故事、表演等形式,评价范围可以选择在班级、年级和全校,给予学生充分的自主选择权。

第三,阶段综合性评价。评价的目标是进一步改善学生在课程学习中的目标达成情况,是对学习体验的结果的印证。除了关注孩子在过程中的评价,我们还通过各种机会展示孩子的成果,进一步固化学习成果,在展示中增强对课程的理解。

学生参与的每一个活动和课程的评价结果都与"蕙伢儿存折"挂钩,每次评价结束后,都由负责老师根据相应的评价结果,发放学生能够储存在"蕙伢儿存折"的奖章和奖券,为期末的晋级式评价——成为不同的等级的"蕙美少年"而积攒分值。

（一）常规性课程评价

1.常规性课程评价:节日相伴

为弘扬"红船精神"中开天辟地、敢为人先的首创精神,进一步激发学生为中国特色社会主义事业奋斗的信念和力量,学校在"数学""科学""信息技术"等常规性课程的基础上,每学期选取一个月的时间,以科技创新为主题,打造"'蕙'学习,'蕙'科技"系列科技节活动。该活动旨在提高学生的科学素养,加强学生的动手能力,培养学生的创新精神,并为学生营造浓厚的科技兴校氛围,传承革命精神基因,助力伟大中国梦扬帆起航。以2020学年第一学期的"相约红色十一月 兴校强国科技节"为例,面对不同的年级,设置了不同的红色科技主题活动(如表5.4)。

表5.4 "相约红色十一月 兴校强国科技节"主题活动

活动项目	面向学生	比赛形式
一年级:树叶画制作:"红心在自然"	一年级	上交作品
二年级:想象绘画:"地球家园有什么"	二年级	上交作品
三年级:不倒翁制作:"红色精神永不朽"	三年级	上交作品
四年级:乐器制作:"流淌的红色乐曲"	四年级	现场比赛
五年级:热水器制作:"创意太阳能,未来有温度"	五年级	现场比赛
六年级:纸桥制作:"长征桥心连心"	六年级	上交作品

科技节活动是常规性科学类课程的"调味剂"，学生将本学期所学的科学知识变成了实践作品，实现了从理论到实践的转换。在这个过程中，考查的不仅是学生们对理论知识的掌握能力，还展现了学生们无限的想象力和创新精神。学生们对科技节的活动充满了兴趣及动手的"欲望"。在激发学生创作兴趣的同时，我们也对学生最后呈现的作品从"创新性""科学性""艺术性""实用性""节约性"五个维度进行评价。学生是学习一切事物的主体，本次评价既有自我评价，也有教师评价，每项评价要素都有相应的评价指标，这为不同主体的评价提供了可操作的方式（如表5.5）。

表5.5　科技节作品评价标准

	评价指标	分值	自评	师评
创新性	作品立意新颖	10分	8	9
	作品是原创，或在原物基础上有较大改进创新	10分	9	7
	作品体现了作者的想象力和创造力	10分	10	9
科学性	作品充分体现了科技含量，充分利用新方法、新技术	10分	8	7
	作品的使用无损与健康和道德	10分	10	10
艺术性	作品在选题、设计、制作、美工上有一定的艺术水平	10分	10	9
	作品的可视性强，美观，有一定的收藏和保存价值	10分	10	9
实用性	作品的目的是为了应用更方便	10分	9	8
	作品尽可能贴近生活实践，能解决实际问题	10分	7	7
节约性	作品应该充分利用废旧物品、材料进行制作，应充分体现节约思想和环境保护意识	10分	8	8
平均分			86	

对学生作品进行第一轮自评和师评后，根据分值，选出百分之五十的优秀作品，然后进行第二轮"作品展示"评价选拔。被选中的学生通过"演讲＋展示"的方式进行优秀作品展示，这种形式本身也是一种评价，是学生自己对自己作品的评价。展示过程中，同学和老师会从"展示内容""语言表达""形体语言""主题形象""现场效果"五个维度进行评价打分。同样，每个评价要素都对应着可操作的评价指标（如表5.6）。

表5.6　科技节作品展示评价标准

评价要素	评价指标	分值	互评	师评
展示内容	紧紧围绕作品进行介绍,内容充实具体	15分	13	14
	能够将作品的设计理念、使用方法、实际用途讲清楚	25分	20	22
语言表达	语言规范、吐字清晰,声音洪亮	15分	12	13
	表达准确、流畅、自然,能熟练展示作品	15分	13	14
形体语言	精神饱满,能较好地运用姿态、动作、手等辅助展示作品	10分	9	8
主体形象	着装朴素端庄大方,举止自然得体,富有感染力	10分	8	7
现场效果	具有较强的吸引力、感染力,使得观众愿意更多地关注作品,营造良好的展示效果	10分	7	7
平均分			83.5	

2.常规性课程评价:课程赋能

根据教育部推出的《关于加强中小学劳动教育的意见》,义务教育阶段切实开展"新劳动教育",结合自身实际情况在地方和校本课程中加强劳动教育,建立课程完善、资源丰富、模式多样、机制健全的劳动教育体系,培养中小学生勤奋学习、自觉劳动、勇于创造的精神。[①]

奋斗精神是"红船精神"的支柱,党的历史就是一部为理想顽强拼搏的奋斗史。传承和弘扬"红船精神"很重要的一点就是通过一系列的德育劳动让小学生深刻体会"奋斗"的真谛。丁蕙实验小学着力于推动"红船精神"进课程、进教材、进课堂,构建以"红船精神"为主题的地方课程、校本课程和拓展性课程体系,开发适合青少年心理特点和成长规律的"红船精神"相关的评价体系。我们要结合新时代的特点与要求,深入拓展"红船精神"的育人途径,开展"红船精神"的育人活动。[②]

为了让丁蕙学子深入实践,追溯起源,学校在校内创设生态馆,在校外创设"童心蕙园"农耕教育基地,切实落实《基础教育课程改革纲要》中指出的开设开放性的基础教育课程,强调课程与生活世界的联系,培养学生的实践能力与关心社会生活的现实态度,让课程走向生活化、社会化与实用化。我校创设的生态课程(如图5.5)正是一门开启教育与生活联系的课程,该课程着力于培养学生认识自然、感受生活、参与劳动的能力。

本课程着力培养学生自立优雅的生命意识和注重实践的创新品质,确

①柳夕浪.建构完整体系解决突出问题——《中共中央国务院关于全面加强新时代大中小学劳动教育的意见》解读[J].中国德育,2020(07):7—10.
②黄文秀."红船精神"的育人价值[J].中国高等教育,2018,5:35.

图 5.5　丁蕙实验小学生态课程构成

立以农耕实践为核心，以动、植物探究为重点的"一体两翼"架构模式，通过学科融合、家校合作、劳动实践等模式确立教学内容，在综合实践活动的基础上，提炼学生学习行为，确定学习领域。可分为以下子目标：

（1）提升观察探究的能力。通过已创编形成的校本教材《奇妙的植物》《动物大探秘》，培养学生将课本知识运用到实践中的能力，再由观察所得，巩固内化已有的知识体系，并形成探究自己所感兴趣的知识的实践能力。

（2）提升自主合作的能力。生态课程的教学过程主要以实践类活动为主，学生根据教师创设的情景，以自主学习、合作探究的模式展开学习，充分发挥学生的主动性、积极性和独立性，建立自觉、严格的自我要求。

（3）提升知识迁移的能力。生态课程的授课方式及授课内容逐渐消除了学科间的界限，把劳动技能、语文学科、科学学科的相关教学内容点融合在一起。学生借此可以在知识交汇之处来回迁移，真正做到"学而有用，学以致用"。

丁蕙实验小学地处皋亭山风景区，风光秀丽的皋亭山，景色怡人的千亩桃园，都成为学校便于利用的生态教育资源。得天独厚的山丘、湿地等地貌和依山傍水的风景线让"课程源于生活"，也让"生活走进课程"。这无形中增加了丁蕙实验小学的劳动教育课程在地理环境上的优势。

我校充分发挥学校的地域资源，在校内开设约 240 平方米的生态馆，主要以生态和科技为主题，分为森林寻踪、地底探秘、湿地沐雨、平沙落日、田园踏青五个馆区，再现了森林、海洋、溶洞、湿地、沙漠和田园等多种地貌。馆内有百余种动植物标本，其中活体动物标本六十多种，植物标本三十几种。此外，在二期建设时，还特别增设了"4D 海洋馆"，真实再现了以珊瑚礁、海洋鱼群为主体的海底世界。

我校还在校外开辟了近 10 亩地的"童心蕙园"农耕基地，让学生在真实的生态环境中学习"如何劳作和生活"，进一步培育奋斗精神（如表 5.7）。我们还联合家长的力量，成立农耕家委会。每班选派一个家长代表，成立了校级、班级两级农耕委员会。并且将土地分片划出责任区，落实到各班进行日常管理养护。学生在各自班级中，在农耕家委会的组织带领下，开展亲子种植。

表 5.7　丁蕙实验小学劳动教育课表

基地	时间	活动主题	活动形式
智慧生态馆	2 月	游生态馆	参观
	4 月	生态系统探究	任务卡争章
	6 月	"奇妙植物"探究课	探究实践
	9 月	"绿色森林"探究课	探究实践
	11 月	"蓝色海洋"探究课	探究实践
生态农耕园	3 月	开春第一耕	播种活动
	5 月	蕙园劳动日	劳动挑战
	6 月	收获节	作物采摘
	9 月	秋季耕种	播种活动
	10 月	蕙园劳动日	劳动挑战
	11 月	"秋收冬藏"节	作物采摘
	寒暑假	专题实践活动	小队实践

3.常规性课程评价:孝廉浸润

"红船精神"所承载的首创精神、奋斗精神、奉献精神,是激励我们顽强奋斗的精神动力,让学生在实践中体悟"红船精神"的内涵,通过各种教育实践将红色精神转化为学生成长中难忘的记忆。

丁蕙实验小学因地制宜,开发独具特色的孝廉校本课程,与课堂教学相结合,与课外阅读相结合,与家庭教育相结合,与德育活动相结合,培养学生知荣辱、见行动,形成勤俭廉洁、诚实守信、无私奉献等优良品质,弘扬"红船精神",学习无私奉献的精神,传播丁兰孝文化,从小培养孩子孝廉立身的传统美德。蕙伢儿秉承红船基因,争做文化传人(如图5.6)。

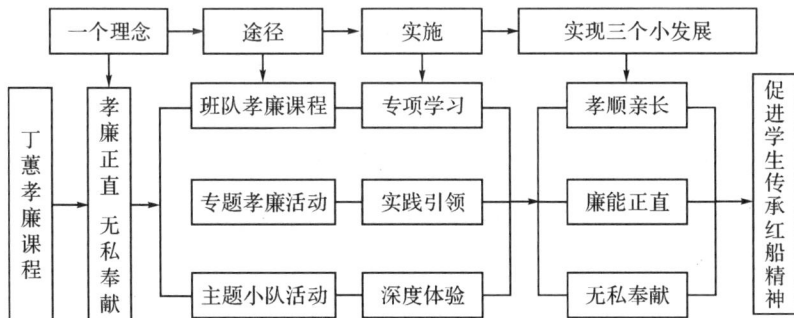

图 5.6　丁蕙实验小学孝廉课程图

为进一步弘扬孝德文化,形成浓厚的孝廉文化氛围,每年 5 月我校会开展孝廉节系列活动。比如,2019 年开展了《其乐融融一家亲》为主题的孝廉

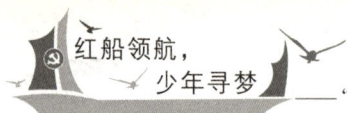

节系列活动,使学生在潜移默化中接受教育,全面提高学生的道德素质和文明程度,从而达到人人孝敬父母,人人学会奉献的新风尚(如表5.8)。

表5.8　丁蕙实验小学孝廉节活动表

活动内容	活动形式	具体要求	评价形式
备孝礼	为父母准备心意	节日当天送礼物给父母	师生互评班级群内展示评价
亲子秀	征集父母和我的照片,品味亲子之像	照片可以是家人合照或者现拍照片	班级内展示评价
漫画展	利用周末,让孩子观察爸爸妈妈一天,用漫画的形式记录	观察爸爸妈妈,用漫画的形式记录下来,感受其辛苦,可以在漫画中适当配点文字,表达对爸爸妈妈的爱	同伴互评,加奖章评价
换角色	利用周末,孩子当一天家长	当一天家长,承包家中的家务,并完成一篇周记,谈谈自己的感想,周记完成后,也请爸爸妈妈对孩子表现做一个反馈	师长互评,加奖章评价
做志愿	给做一次志愿者活动	做一次志愿者活动,可以给小区周边的河道做清理,给老人送温暖,并以此活动为题材完成一篇周记	师长互评,加奖章评价
推孝星	每班推选一名小孝星	各班评选1名小孝星	自评+他评
访廉户	每班推选一户廉洁家庭	各班评选1户廉洁家庭	自评+他评

(二)拓展性课程评价

1.拓展性课程评价:社团先行

拓展课程主要分为两类:一类是每周五下午的普及性社团课程,学校全体学生采用走班的形式,选择自己喜欢的课程进行学习。另一类是每周一到周四下午的精品社团,社团老师根据学生本课程的习得结果进行选择形成社团,采用"专才"的培养方式。两种社团双管齐下,并驾齐驱,让所有的学生都能根据爱好进行选择性学习。教师会进行针对性的"培优"授课,有利于学生的个性发展(如表5.9)。

表5.9 有关科技的社团

社团类别	序号	社团名称
普及性 科技 社团	1	奇妙的生物世界
	2	魔术社团
	3	木工坊
	4	青少年创新
精品科 技社团	5	机器人（虚拟）
	6	机器人（头脑风暴）
	7	创客
	8	3D打印
	9	编程（Scratch）
	10	乐高机器人EV3
	11	车模
	12	奇迹积木

拓展型课程以促进学生全面而有个性地发展为目标,激发学生的兴趣爱好,开发学生的学习潜能,提高学生自主选择性学习的能力。因此,评价体系的建立既要保护学生对课程的初始兴趣,又要正向作用于学习过程中,促进学生的个性发展。我们将对学生参加社团的评价分为两个部分,一是社团学习过程评价,包括到课率、课前准备、课中学习情况、课堂学习效果等;二是社团学习作品评价,包括对学生课上或课下作品的完成情况及其课堂学习质量的评价。其中需要注意的是,社团在全校普及,每个孩子都是根据自身的兴趣爱好及特长自主进行选择,教师在评价时,要注重对学生在学习过程中各方面取得进步的肯定,强化学生积极的情感,发现学习的快乐。例如"木工坊"社团中对评价的设计就分为两块:学生学习"木工"过程的评价和学生"木工"作品的评价,而且两部分评价都有具体的评价指标。

在学生学习过程中,主要从课前准备、课中研学、学习习惯、学习效果四个要素进行评价,每个要素又有具体的指标,如在展示中就有"想象丰富、思维活跃,大胆自信,语言表达清晰,科学规范地运用美术知识踊跃回答问题;能展开丰富想象、比较自信,能基本表达自己的想法;想象比较单一,不够自信,语言不够清晰"三个层次的标准,这三条标准即对学生学习的导向,学生可以对照标准及时调整自己的学习状态(如表5.10)。

学校对"木工"作品的评价也提出了具体的标准,学生看了这些标准即可明白进一步努力的方向。这些评价都给学生的学习提供了具体且便于操作的标准,教师和学生都可以根据这些标准及时调整教学和学习过程(如表5.11)。

表 5.10 社团学习过程的评价标准（部分）

评价要素		评价指标	分值	自评	师评
到课情况					
课前准备		……			
课中研学	参与状态	精神饱满，兴趣浓厚，学习积极。			
		精神一般，兴趣一般，学习较主动。			
		精神不佳，没有兴趣一般，学习不主动。			
	思维状态	善于思考质疑，提出个人观点，见解独到、有价值，能引发同学思考。			
		偶尔思考质疑，提出个人观点，有自己的见解。			
		不思考质疑，不提出个人观点和见解。			
	合作状态	同伴协作，人人参与，高品质地完成小组分配的任务。			
		参与合作，基本完成小组分配的任务。			
		不善于同伴协作，无法完成小组分配的任务。			
	展示状态	想象丰富、思维活跃，大胆自信，语言表达清晰，科学规范地运用美术知识踊跃回答问题。			
		想象丰富、比较自信，能基本表达自己的想法。			
		想象比较单一，不够自信，语言表达较混乱。			
学习习惯		……			
课堂学习效果		……			

表 5.11 某学生"木工"作品评价结果

评价要素		评价指标	互评	师评
题材选择		题材新颖、主题突出、富有创意、体现作者的想象力。（10分）	8	9
		原创设计，或在原物基础上有较大改进创新。（10分）	9	8
结构造型		结构合理，造型生动形象，使作品重点突出。（10分）	9	8
技法与刀功	技法	能熟练地运用"木工"基本技法知识完成作品。（10分）	7	9
	刀功	能用工具切割出流畅的线条。（10分）	9	7
		能用工具切割出较流畅的线条。（8分）	9	8
艺术品位		作品美观大方，有较好的视觉效果。（10分）	8	9
		作品能完整地被展示。（8分）	7	7
用法用途		能在日常生活中使用。（10分）	7	8
		作品能成为摆件装饰空间。（8分）	9	8
平均分			81.5	

2.拓展性课程评价:场馆联动

丁蕙实验小学联动校内校外,打造了一个极具特色的生命场,以场馆为基,进行拓展性劳动课程,联动探求。在前期收集材料的基础上,学生在任务驱使下,以任务驱动的项目式问题为目标进行推进,对未知的问题进行更深更广的实践探究,形成以点带面、以面成片的知识延伸与补充。

2015学年第一学期,我校依托校生态馆,充分利用馆内丰富的动物标本作为课程资源,挖掘动物标本里的教育价值,开发动物标本里的科普知识资源,我校选取了馆内各生态系统中的典型动物作为第一批教学素材,在此基础上开发了首套生态类校本教材——《动物大探秘》。教材安排为二年级上下册各两个单元,每单元3课时(如表5.12)。

表5.12 丁蕙实验小学《动物大探秘》教材

《动物大探秘》		
年级	单元主题	每课主题
二年级上册	森林里的舞者	1.森林之王——老虎
		2.憨态可掬的绅士——熊猫
	湿地里的精灵	3.美丽的"公主"——孔雀
		1.傲气的"艺术家"——丹顶鹤
		2.冷血"杀手"——蛇
		3.温顺的"四不像"——麋鹿
二年级下册	农场大乐园	1.农家百宝——鸡
	海洋总动员	2.池塘里的"先知"——鸭
		3.高傲的歌唱家——鹅
		1.海底深处的"花"——珊瑚
		2.可爱的娃娃——海星
		3.海上救生员——海豚

第二学期,我校又将生态课程开发从生态馆内走向馆外的校园环境,走向校外的农耕园。重点开发校园里的植物资源和农耕园里的作物资源,合成了校园植物教本——《奇妙的植物》(如表5.13)。教材安排为一年级上下册各两个单元,每单元3课时。

表5.13　丁蕙实验小学《奇妙的植物》教材

《奇妙的植物》		
年级	单元主题	每课主题
一年级上册	校园的四季	1. 明媚的春
		2. 碧绿的夏
		3. 缤纷的秋
		4. 雪白的冬
	校园植物之最	1. 最有形状的
		2. 最有童趣的
		3. 最有姿态的
一年级下册	生态馆里的庄稼	1. 金黄的珍珠——稻谷
		2. 翠绿的精灵——葱
		3. 紫色的水晶——紫甘蓝
	农耕园里的作物	1. 整齐的哨兵——玉米
		2. 喜庆的胖娃娃——番薯
		3. 默默奉献者——花生

以"红船精神"引领的评价体系重在发现和肯定学生身上所蕴藏的潜能,关注学生的感知敏锐性,体验真实性,探究投入性,在此方面寻找闪光点,激励和维持学生在学习中的积极性和主动性,将学生每一点的进展都视为成功,这就是所谓的更优化、更绿色的评价。我们更加关注过程、关注体验,重视学生积极参与活动的全过程,重视在过程中的评价,关注学生在过程中的参与、体验情况,强调让学生自己来改进学习;注重学生在学习过程中所获得的感悟和体验,而不是一味地接受别人所传授的经验,鼓励学生进行创新,以及注重方法上的多样性与灵活度(如图5.7)。

图5.7　参观生态馆

随着年龄的增长,小学生的认知能力和实践能力也在不断地提升,根据学生和学校的特点,劳动教育课程将进行具有延续性的内容学习。如在生态馆中进行实践学习之后,让学生进行自我评价。一方面,学生的自我评价可以更加准确把握学业评价中情感态度价值观等维度,这些内容往往是外部主题,难

以依靠评价工具做出准确判断;另一方面,学生参与到对自身学业的评价活动中,能够更为清楚地了解评价的标准,从而制订更加合理的学习计划,改进自我的学习方式与方法。在其他主题进行合作评价的过程中,也更容易接受来自外部的意见,对评价结果产生认同感,从而更加合理地利用评价结果进行自我的发展与完善①(如表5.14)。

表5.14 "了解生态馆"学生评价表(部分)

评价对象	评价内容	等级
第一年段 (1年级)	认识校园里的部分植物	
	了解一年四季中校园植物的特点	
	了解学校农耕园里作物的生长特性	
第二年段 (2年级)	认识生态馆里的动物	
	了解部分动物的习性特点	
	开展生态馆学科实践活动	
	进行专题式科学探讨活动	
……	……	
评价标准:☆☆☆表示卓越 ☆☆表示精锐 ☆表示达标		

"红船精神"评价体系的实施推进,有效促进了学生学习、劳动方式的转变,从单一课堂知识学习转向多元"实践式劳动",从被动接受型转向自主探究型的个性化劳动学习,使学生更富有生命活力。劳动教育强调学生的亲身经历,要求学生在探寻植物生态、欣赏自然风光、体验辛勤劳动等活动中,用心地感受生活的多姿多彩。在这一系列的感知实践中,学生从书本走向生活,从理论走向实践,发展了学生的实践能力和创新能力,全方位提升了主动学习能力和评价能力。

3.拓展性课程评价:主题队活动

为弘扬"红船精神"中"立党为公、忠诚为民"的奉献精神,我校努力结合本校的特色,打造系列孝廉的班会课,旨在引导学生学习先辈的奉献精神,学会勤俭廉洁,无私奉献,深化对"红船精神"内涵的领悟。

以2020学年第一学期的"予人玫瑰,手有余香"班会课为例(如表5.15),面对不同的年级,设置了不同的主题。

表5.15 "予人玫瑰,手有余香"班会课安排表

活动项目	面向学生	比赛形式
我会治理,我快乐	一、二年级	分享自理心得
助人为乐	三、四年级	分享雷锋故事
甘于奉献,我自豪	五、六年级	辩论赛

---

① 任娟.发展性学业评价之多元评价主体的研究[D].西南大学硕士学位论文,2012.

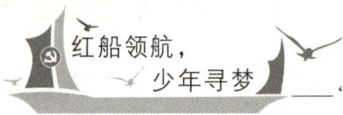

自我评价:每个学段的指导老师在课程的学习过程中都会根据该课程的学习设计评价量表,主要用于平时学习中对学生的评价,既有自我的评价,也有同学和老师的评价。如低段"自理小能手"课程的学习,教师设计了评价量表(如表5.16)。

表5.16 "自理小达人"自我评价表

内容　坚持时间	一天	一周	(　)周	一月	(　)月	一学期
我会整理书包						
我能穿戴整齐						
我能自己系鞋带						
我能干净扫地面						
我的反思						
评价标准:☆☆☆表示最棒　☆☆表示还不错　☆表示一般						

表现性评价:在课程的学习中,我们还特别注重过程性评价,通过客观量表以外的表演、行动、展示、操作等真实的表现评价学生的表达能力和品质。[①] 评价时,教师让学生在真实或者模拟的环境中运用所学的孝廉文化知识解决某个新的问题。例如,中段的老师要求学生在学习了"助人为乐"为主题的班会课后,请学生以此为主题,联系自己的生活进行演讲与分享。按照以下评价内容,老师根据学生的演讲情况进行评价,获得"优秀"的学生即可获得奖券(如表5.17)。

表5.17 "助人为乐"主题演讲表现性评价表

评价要素	评价指标	分值	互评	师评
展示内容	紧紧围绕"助人为乐主题"进行演讲,内容充实具体	15分		
	能够将主题联系自己的生活展开,有自己的独立思考	25分		
语言表达	语言规范、吐字清晰,声音洪亮	15分		
	表达准确、流畅、自然,能有自己的真情实感	15分		
形体语言	精神饱满,能较好地运用姿态、动作、手等体态语言	15分		
现场效果	具有较强的吸引力、感染力,使得观众愿意更多地倾听,营造良好的展示效果	15分		
总分				

---

① 周文叶,陈铭洲.指向核心素养的表现性评价[J].课程.教材.教法,2017,37(09):36—43.

（三）实践性课程评价

1. 实践性课程评价：深化劳动

丁蕙实验小学把"红船精神"深入劳动实践当中，关注奋斗、关注付出。每周五，绿色环保小队以及校农耕社团会去农耕园实地观察农作物，参与劳作。一周一记，周周记录作物成长过程，认识各类劳动工具，记下劳动过程，习得各种农耕劳动技能。

劳动教育课程贴合活动主题，让学生根据自己的兴趣与年级段来实现相应的要求，在进行劳动评价的时候首先要激励，要注重肯定学生在劳动中获得的进步、取得的成果，要强化学生积极的情感，激发起学习的热情，要使学生不断获得成功的体验，发现劳动的快乐。其次是关注过程，在评价中列出评价项目和一级、二级指标，要通过相关的实践说明让学生理解每一个指标的内涵和达标要求，并在平时的教学中鼓励学生达标。最后是自评和互评相结合，通过评价，让学生理解规则，遵守规则，注重反思，善于学习和借鉴他人的长处。

在"童心蕙园，我劳动，我快乐"——生态园农耕实践活动中，学生自行记录下观察结果。我们制订了评比规则和要求，先请学生进行自我评价，再请家长、老师进行专业评价（如表 5.18、表 5.19）。如"种植小能手"的评价，按照以下的评价内容，家长根据孩子的情况进行评价，然后由老师根据孩子在校、在家的表现进行综合评价，最后评价优秀的学生就可以获得奖券。而且这两部分的评价都有具体的评价指标（如图 5.8 和图 5.9）。

图 5.8 《种植劳动观察记录表》(家长版)

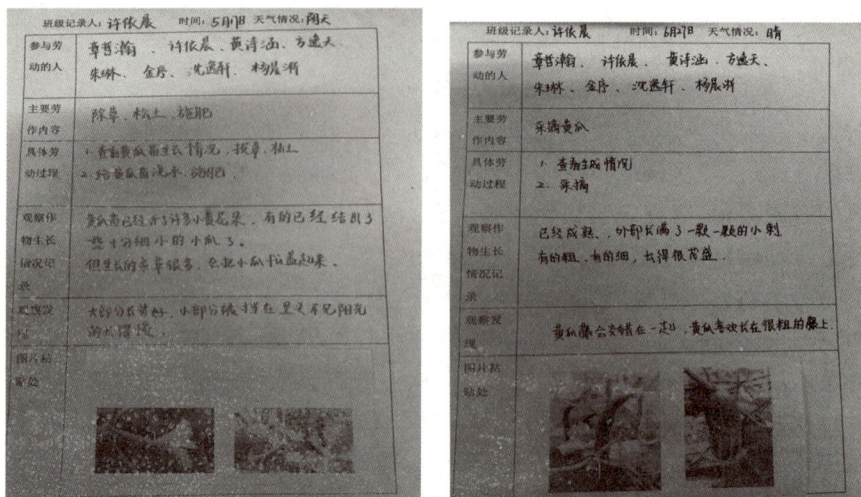

图 5.9 《种植劳动记录表》(学生版)

表 5.18 《种植小能手》学生评价表

评价要素	评价指标		等级
劳作内容	能清晰记录全部劳作内容		
具体劳动过程	参与状态	精神饱满,兴趣浓厚,劳动积极	
		精神一般,兴趣一般,劳动较主动	
		精神不佳,没有兴趣一般,劳动不主动	
	动手状态	专心劳作,善于动手,能带动同学一起	
		基本认真劳作,能独立完成,偶尔需要同伴提醒	
		不认真劳作,经常需要同伴提醒	
	合作状态	同伴协作,人人参与,高品质地完成劳作任务	
		参与合作,基本完成劳作任务	
		不善于同伴协作,无法完成劳作任务	
	展示状态	大胆自信,语言表达清晰,能高品质完成《种植劳动记录表》	
		比较自信,语言表达完整,能基本完成《种植劳动记录表》	
		比较胆怯,无法表达,不能完成《种植劳动记录表》	
观察作物生长情况	观察仔细,精确到作物细节		
观察发现	能展开丰富想象、自信地表达自己的想法		

评价标准:☆☆☆表示卓越　☆☆表示精锐　☆表示达标

在学生观察种植的过程中,主要从劳作内容、具体劳动过程、观察作物生长情况、观察发现四个要素进行评价,每个要素又有具体的针对性内容指标,展示时就有"大胆自信,语言表达清晰,能高品质完成《种植劳动记录表》;比较自信,语言表达完整,能基本完成《种植劳动记录表》;比较胆怯,无法表达,不能完成《种植劳动记录表》"三个层次的标准,这三条标准也就是对学生劳作的导向,学生可以对照标准及时调整自己的劳作状态。同时,营造民主的学习环境尤为重要,鼓励学生真实地表达自己,建立互相信任、互相尊重的师生关系、生生关系能帮助学生更客观地评价自己,并真实地将结果反馈给他人,从而共同改进学生的学习。[1]

表5.19 《种植小能手》家长评价表

时间＼内容	当天	一周	( )周	一月	( )月	一学期
认识锄具						
认识蔬菜						
了解种植方法						
学会播种插秧						
学会记录						
评价标准:☆☆☆表示卓越 ☆☆表示精锐 ☆表示达标						

这些评价对劳动教育提出了具体的标准,学生看了这些标准即可了解自己努力的方向。以上两个评价都给学生的学习提供了具体的可操作的标准,教师和学生都可以根据这些标准及时调整劳作过程。

劳动教育课程的持续深入推进,最大的受益者是学生,劳动教育课程相比其他学科更为显著的积极贡献在于:学生劳动品质得到变化,从被动接受到主动探究,从劳动方式单一到多样化;学生的劳动能力得以提高,学会奉献、奋斗、合作、交往,探究能力得以提升;精神世界得以丰盈,培养了学生的良好品行,学生的家乡情感、社会责任感得以升华;将学校教育课堂与劳动实践课程全面结合,充分提升了学生的综合素养。

2.实践性课程评价:小队活动

所谓"评价连缀"是指在孝廉文化活动评价中,从学生自我评价、教师增值评价和社会质性评价这三个方面对学生的奉献精神进行综合评价。我们实行了一个集"师长联评""师生联评""学生自评"于一体的联合评价体系。

———————
[1]项纯.中小学生自我评价能力的现状、问题与对策[J].教育科学研究,2018,11:61

在孝廉文化活动中,通过联合评价,我们不仅对学生进行了孝廉文化知识方面的评价,而且还对奉献品质进行了综合联评。

（1）利用自评表,开展自我评价

运用一定的评价载体,让学生进行自我评价。比如在参观千亩桃园的孝道馆时,学生们根据自己的研学体会,聚在一起商讨得出一个评价标准（如表5.20）,并将孝廉文化知识分成低、中、高三个能力水平。这样一来,学生们就可以直观地感知自己的技能发展处于哪一个水平,并打上相应的星级作为评价记录,也让同伴和老师从中获得相关的信息,有效地帮助学生开展自我评价。

表5.20 孝道馆研学学生自评表

评价要素	评价指标	等级
情感态度	能积极参与,认真参观,倾听讲解,能联系生活有自己的思考	☆☆☆
	能主动参与,认真学习参观,仔细倾听,有自己的初步感受	☆☆
	能全程参与,有一定的感受和印象	☆
知识能力	能理解相关的故事和历史,用自己的话讲给家人听,积极实践	☆☆☆
	能听懂讲解的内容,能有思考,并在生活中努力践行	☆☆
	能知道相关故事和内容,愿意试着践行	☆
收获感想	研学后能有自己的感受,积极与他人交流,并写下来	☆☆☆
	研学后能有自己的感受,愿意与他们交流自己的体会	☆☆
	研学后有自己的初步感受,能一定的触动	☆

（2）信息互通,开展"师长联评"

在围绕"孝廉"展开的活动和课程中,不仅要增强学生行孝能力的发展,更重要的是提升孩子在过程中的奉献品质发展。因此,我校一直坚持不断地组织教师开展一周一反馈、一月一研讨的"师长联评"活动。

老师们和家长们平时一般会以视频、照片等形式记录学生的情况,作为"师长联评"的备用资料。"师长联评"既会关注学生的在校表现,也会关注学生在家的表现,还有由家长带队参与社会实践活动中学生的表现,会关注

学生内在品质的发展。

例如:在"看望老兵,不忘初心"小队实践活动中,就用了家长过程评价为主、老师结果评价为辅的方法(如表5.21)。学生在探望老人的过程中,家长用鼓励性语言让学生相信自己,积极与陌生的老兵沟通,给老兵送去温暖,塑造了学生自信的品质。当学生能积极地与老兵完成交流后,家长会给他们带上过关手环,对孩子的表现予以认可和表扬。家长会给他们拍照记录,还鼓励孩子们学习老兵吃苦耐劳的精神,了解老兵宋颂康爷爷的故事。他参加抗日战争、解放战争和抗美援朝战争,参加战斗数百次,不畏强敌,立下了不少战功,多次受到上级的嘉奖。同学们为抗战老兵送去节目和祝福。老兵也喜笑颜开,拍手称赞,为孩子们竖起了大拇指(如图5.10)。

图 5.10 小队活动图

表 5.21　活动过程性评价表（家长版）

评价要素	评价指标		等级
情感态度	能积极主动地全程参与，主动和访问对象互动		☆☆
具体访问过程	参与状态	精神饱满，兴趣浓厚，互动积极	☆☆☆
		精神一般，兴趣一般，互动较主动	☆☆
		精神不佳，没有兴趣一般，互动不主动	☆
	交流状态	专心探望，善于谈话学习，能带动同学一起	☆☆☆
		基本认真倾听，能有自己的感受，偶尔需要提醒	☆☆
		基本倾听，能再家长指导下完成交流	☆
	合作状态	同伴协作，人人参与，高品质的完成互动任务	☆☆☆
		参与合作，基本完成交流任务	☆☆
		不善于同伴协作，基本需要他人指导完成任务	☆
活动照片			
家长总评（文字式）	······		

例如，在小队实践活动之后，学生会写下自己的心得体会。教师也会结合家长的过程性评价以及学生的自我评价给出总结性的奖券评价（如图 5.11）。

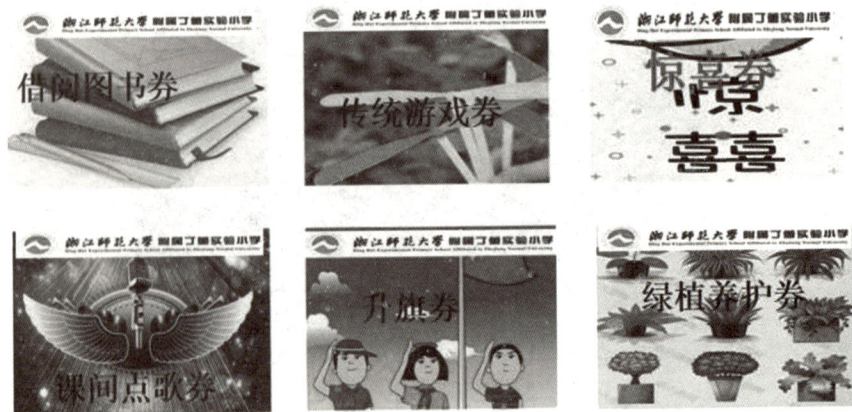

图 5.11　小奖券图

（3）个案追踪，开展"师生联评"

对于孩子们特别感兴趣的，特别不感兴趣的，特别难操作的活动，每次活动结束，我们都会让学生自己说一说活动中自己的一些发现与感受，如：活动中自己遇到了什么困难？有没有放弃？如何解决？与同伴的合作等方面的情况，侧重对活动过程的评价，从而反映学生在各个方面的能力、品质的发展情况。

例如：在一次"孝老爱亲话重阳"活动结束后，A 同学说："在准备重阳节主题班会的时候，我不知道从哪些方面去讲，我很紧张，担心自己上台给全班同学演讲的时候出洋相。"老师引导学生学习其他佳节的经验，启发思考。学生说："可以像中秋节一样，讲一讲节日的习俗、有关节日的诗歌、活动和意义。"引导学生可以先在班委中进行小范围的模拟演讲，在模拟的过程中充分听取大家的意见，进行磨炼和改进。最后，学生得到了充分的锻炼，敬老、奉献的种子也深深埋进了孩子们的心中（如图 5.12 和图 5.13）。

在班队课结束后，老师会针对 A 同学的表现进行激励性评价，并引导 A 同学在生活中去践行，进行展示评价。随后，A 同学开展了"我为长辈送快乐"的行动，为长辈揉一次肩、捶一次背。老师联合家长捕捉了精彩瞬间，在班级群内进行展示评价，随后很多同学纷纷行动起来，有的亲手为长辈缝制手套，有的为长辈唱一首动听的歌曲，还有的队员做起了"小厨师"，为长辈烧了一道喜欢吃的菜。

图 5.12　重阳节活动(1)　　　图 5.13 重阳节活动(2)

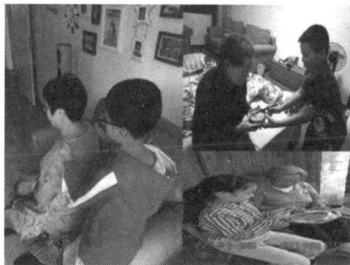

3. 实践性课程评价：智慧融合

学校耗资近百万，建成了区独一无二的三生场馆，一楼的时光穿梭机蕴含了丰富的天文科学知识，采用"VR"虚拟技术探索宇宙，其中的机器人实验室配备了专业的编程教师开设机器人课程。二楼情意生长馆中的素描教室、儿童画教室、书法教室成为学生艺术创作的基地。三楼的生命体验馆配备了"红十字急救中心""自然灾害体验馆""心灵驿站"为学生的身心健康保驾护航。四楼的智慧生态馆从生命的起源到自然界的六种地貌，成为学生

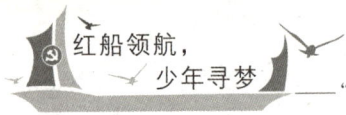

认识自然的通道。

学校根据所处的地域文化以及现有的智慧教学设施、场馆资源，为学生的科技创新教育提供了良好的平台和硬件设施。在此基础上，学校结合学生发展核心素养，在"科技创新"板块开发了包括"思维训练营""皋亭生物解码""海底世界的秘密""解锁生物圈密码""应用软件超市""VR机器人编程"等系列课程。让丁蕙的学子们不出校园，不进博物馆，在学校就能身临其境地体验到最自然的生态系统之中，学到丰富的科学知识。

智慧生态馆不仅"惠"及丁蕙学子，还吸引了不少慕名而来的参观者，它既可作为学校的科普实践基地，开展各类科普、教学等综合实践活动和雏鹰假日小队及社团活动，也成为杭州市区级第二课堂实践基地，成为广大师生探寻自然奥秘的胜地。

链接1：

张女士是丁蕙实验小学四年级某位学生的家长。在对张女士的采访中，张女士表示孩子之前在"临风"校区读书，一次学校公开课，老师带孩子们到"实验"校区智慧三生馆上课，当时就被科幻的、闪烁着"未来"光芒的三生馆迷住了。从那时起孩子常常在自己耳边念叨："真想立刻长大，到实验校区去读书。"终于孩子四年级了，能够随时在智慧三生馆中学习科学知识，领略自然风光，见识万物的奥妙了。这学期孩子还参加了编程社团，经常放学回家和她讲学校的"博物馆"有多神秘，编程课程多有趣，张女士不禁感叹丁蕙实验小学的特色科技课程开启了孩子的"科技之门"，培养了孩子的创造精神。

链接2：

春假可是中小学生走进第二课堂进行实践体验的大好时间。一大早，丁蕙实验小学门口就排起了长长的队伍。

丁蕙智慧生态馆于4月27日正式开馆，自开馆至今，参观的老师和学生不计其数，对此赞不绝口。这一次，丁蕙智慧生态馆作为区级第二课堂开放，更是一下子吸引了几百号人来馆参观。

几位小解说员可是忙坏了！他们虽然已经做好了充分的准备，但还是被这些远道而来热情的小朋友们围得水泄不通，忙里忙外地为大家讲解着生态馆的每一个细节。他们带着来自各个学校的小朋友、大朋友们一起探秘生命的起源，从海洋到陆地、从恐龙时期到湿地田园。小朋友们有的钻进隐身屋，有的进入地底探秘，有的则在斜屋被晕得东倒西歪。很多孩子在生态馆里走了一圈又一圈，舍不得放过其中的任何一个细节。小解说员们听到哥哥姐姐、叔叔阿姨们的称赞是他们最开心的时刻，付出总有回报。

整个活动持续了3个多小时，参观的孩子络绎不绝，离开时也都恋恋不

舍,看来这个充满神奇力量的智慧生态馆真的有超强的吸引力。希望有更多各个学校的小朋友能够走进丁蕙智慧生态馆,很多神奇的角落在等待着你哦!

　　课程评价的主体和对象从来都不是单一的,从学生的角度出发,从教师的角度出发,从家长的角度出发,甚至是从大众媒体的角度出发。只有将评价的结果反馈回老师的教学过程中,孩子的学习过程中,评价才是有意义的。无论是平时的常规性课程。拓展性课程,还是实践性课程,都要从评价中了解标准,取得经验,以推动下一次的教学和学习。学生也从一次次的评价和反馈中,改进自己探索方向,发掘自己的"红船精神",为成为新时代的"蕙美少年"而努力奋斗。

强梦篇

"红船精神"传承的成效及未来展望

一、"红船精神"传承的成效

（一）红船领航，发扬"首创精神"

1. 红心少年，多元创新结硕果

（1）"蕙"学习，"蕙"科技

丁蕙实验小学以"科技创新"为主题，打造学生学习场——开展"'蕙'学习，'蕙'科技"为主题的系列活动。提高学生科普意识，培养学生动手创作能力，以提高小学生的科学素质以及实践动手能力为主导。在学校范围内营造浓厚的学科学、爱科学、用科学的科技氛围，全面推进素质教育。

图 6.1　高塔叠叠乐

图 6.2　框架承重赛

"蕙美德府""每月一节"的科技节系列活动，深受同学们的喜爱（如图6.1和图6.2）。它不仅发挥了同学们的想象力，还锻炼了他们的动手能力，更考验了他们的耐心。活动以科技创新为重点，融趣味科学于一体，营造出严谨而又轻松的学习氛围，有效激发了同学们探索科学的兴趣，让同学们学

科学、用科学,在趣味中学习知识,在实践中获得成长!

(2)"蕙"速度,"蕙"大脑

丁蕙车模队成立于2018年3月,虽然成立时间不长,但依然能够取得傲人的成绩,我们用9个月的时间追上了传统强校几十年的训练路程,屡获佳绩。2018年9月,丁蕙实验小学还作为东道主承办了2018年区中小学车辆竞赛(如图6.3)。随后,丁蕙实验小学车模队的少年们也在更大的舞台上发光发彩,他们代表本区参加杭州市乃至全国车辆模型比赛,并取得不错的成绩。

图6.3 车模比赛现场

图6.4 车模比赛奖状奖杯

丁蕙实验小学自建立车模社团以来的3年里,先后获得了浙江省车辆模型锦标赛1/10电动方程式赛车竞速赛团体总冠军和全国车辆模型锦标赛1/10电动方程式赛车竞速赛团体总冠军。在全国赛个人奖中,沈子显、方昊、包哲凯同学包揽了冠亚季军,这些成就少不了赛车手在弯道上的刻苦努力。多少次挥洒汗水,不抛弃、不放弃,才造就了今日的成功(如图6.4)。

随着人工智能时代的到来,人工智能已渗透到人类社会的很多方面,同时也对小学生的信息素养教育提出了巨大的挑战。以智慧教育办学为特色的丁蕙实验小学,一直重视学生在人工智能教育、少儿编程、创客教育等课程的学习。比如开设各类科技社团活动:机器人社团、创客社团、3D打印社团、编程(Scratch)社团、奇迹积木社团、车模社团等。学生在各级各类信息智能类比赛中均取得一定成果。

2.智慧教师,教学科研齐并进

建校以来,我校教师积极创新,不断开拓进取,在课堂教学、教育科研、课程开发等多个方面都取得了突破,并在各级各类的比赛中获奖。

(1)创新教学方式,促进课堂教学改革

课堂是学校教育的主阵地,是推进和深化素质教育改革发展的重要突破口。我校自2014年建校以来,一直秉承"三生教育"办学理念,经过七年的实践探索,形成了自主、自治、自如的课堂教学模式,突出以学生为主体,民主融洽的育人环境,更好地促进学生长远发展,帮助学生得到最大程度的自我实现。

组建"智慧实验"团队,以点带面培育一批智慧型骨干教师。通过近几年的普及推广,智慧课堂软件的基本应用、智慧课堂的基本操作模式已落实到每个班级、每位教师,也有一部分优秀的青年教师逐渐成长为"智慧课堂"的先行者。通过教师自愿报名、考核推选的方式,成立了校级智慧教研团队,以点带面培育了一批智慧型骨干教师。

申报"智慧课堂"课题,以研促教,推动"智慧课堂"深度研究。以"智慧教学手段促课堂转型升级"为主题,以智慧实验团队为核心成员,以课题实施为推进手段,以研促教推动"智慧课堂"的深度研究。通过"请进来、走出去"等多种方式提升核心成员的自身素质;制订智慧课堂实施进度,细化每一阶段的实施进程;规划每一阶段的成长目标,分步达到预期目标。

图 6.5　智慧课堂剪影

开展"智慧课堂"评比,以展成效,形成"智慧课堂"研究成果(如图 6.5)。在"智慧课堂"课题研究推动下,定期举办具有丁蕙特色的教学传统活动,如"智慧课堂日""智慧课堂秀""智慧课堂节",定期举行"丁蕙实验小学智慧课堂教学展示活动",邀请智慧教育联盟中的优秀教师共同参与,展示学校智慧课堂的研究成果。立足课堂,加强对教学过程的监控,夯实常规检查,大力宣传及推行"生态备课、生命课堂、生长作业、绿色质量"等教学理念,提高课堂教学质量。

在七年的探索创新历程中,在学校智慧办学的大背景下,涌现了一批敢于担当、勇于突破的先进教师。他们立足课堂和学生实际,切实考虑了学生的学情和需求,不断改进和完善教育教学方式,借助智慧化的教学手段,着力打造智慧高效的课堂。这些先进教师所教班级的成绩在同年段中名列前茅,教师个人也在各级各类的课堂教学评比中崭露头角,收获佳绩。据不完全统计,截止到 2020 学年,已有 70 余人次参与各级各类课堂教学展示,50余人次在课堂教学评比中获奖,案例获奖达 40 余人次。

(2)立足科研新潮,实现研训机制融通

教育科研是促进学校改革和发展的第一生产力。教育不仅仅是凭多年积累的经验,更多的是科学的教育教学方法,勇于创新,将科研与实践有机

融合,以科研带教研,以教研促教改,实现课题研究与课程、教研、课堂的互融互通。近几年来,丁蕙实验小学坚持以"教研训一体化"的科研管理思路,实现校本教研、校本科研、校本研修三位一体化,以科研意识统领教学研究、校本课程开发、智慧教师的专业化成长。

联系教学与教研,碰撞集体智慧风暴。学校积极倡导以课堂教学为载体,深入研究课题,以解决教学实际问题,提高教师课堂教学水平,提升教师专业素质。出台《丁蕙实验小学教科研先进个人评选条例》,以激励教师课题研究的热情与动力,形成推动丁蕙实验小学教师课题研究的可持续力。学校课题研究还提出了"聚焦课堂,关注细节"的口号,从课堂教学的有效性切入,从常态课做起,夯实课题研讨课。经历"备课—课例展示—集体评课、诊课—教学效益反思"的一体化过程,立足课堂,以发现问题为切入点,以分析问题为关注点,以解决问题为终极目标,共同探索提炼"简洁活力、扎实有效"的课堂教学模式。

联合教研与课题,提升教师科研素养。校本教研是围绕教师如何更好、更快发展已存在的课题,将学校目前的教师结构进行分析研究,在制订校本研修方案的同时也是课题研究的过程,加强科学的分析,推动教研模式的可持续发展。学校积极围绕教师现状,以新教师成长一体化为主题,开展校本研修的研究。

融通教学与课程,加强教师课改智慧。丁蕙实验小学在课题研究的引领下,大力推进课堂教育教学、校本课程改革,促使科研与教研并蒂盛开在课堂教学实践中。为此,学校成立了教师读书团队和课题研究团队,并定期开展活动。还邀请了香港教育大学博士生导师苏梅咏教授来校为教科研团队讲解 STEM 课程的具体开发和实践,以开拓我校教科研团队的研究视野,通过 STEM 课程让教育更智慧。同时,借力立项课题,积极深入研究,将学校课题研究与校园文化、校本课程相结合,出版了《三维教育空间:小学生学习场的重构与实施》。

重抓青年教师素养,提高教师科研能力。丁蕙实验小学对校本培训进行了整体规划,建立了长期的基于学校办学和教师实践的教师职后教育长效机制,促进教师队伍的可持续发展。通过开展师徒结对、课堂指导、集体备课等多种形式,引领教师个人和团队的专业发展。每周一次的校本研训活动,通过磨课、听课、议课,组织教师共同探讨和解决教学实践中出现的问题,提高教师的教育教学水平。开展蕙美学府,建立教师发展层次梯队,形成了区学科带头人、区级优秀、校级骨干、合格教师等不同的发展目标,使每个教师进入不同的发展轨道,实施不同的分配和奖励政策。开展形式多样的教学竞赛活动,帮助青年教师履行教师规范,掌握教学规律,提高教学效果。通过一系列教科研活动、专家引领、校内培训、同伴互助、教师自我提高等方式，促进教师业务能力整体提高，让每一名智慧教师都得到了一定的发展。

在"教研训一体化"的科研机制下，我校教师从"不会做科研"发展到"尝试做科研"到现在的"科研有方向""科研有实效"。广大教师充分发挥了自身的科研创新意识，立足当下，着眼未来，深入教育教学研究，取得了丰硕的科研成果。办学至今，在我校全体教师的努力下，教科研取得了优异的成果，学校被评为区教育科研优秀学校、校本研训优秀学校。2018年1月，丁蕙实验小学成为浙江省教育厅公布46所学校为首批"浙江省示范性教师发展学校建设学校"；2019年6月，我校在2018年度教师发展学校等级评估中被评为优秀等级第一名。

（二）红船领航，落实"奉献精神"

1. 爱心少年，服务社会展风采

（1）争当志愿者，乐于践奉献

学生利用寒暑假等空余时间参加社会志愿服务活动，在活动中践行"奉献"精神。比如"五水共治"志愿者活动，"学雷锋"志愿者活动，"垃圾分类"志愿者活动等。

丰富多彩的志愿者小队活动，让学生认识到了什么是"奉献精神"，以及作为小学生的他们可以为学校、为社会做些什么（如图6.6和6.7）。

图6.6 同学们擦拭共享单车

图6.7 "雷锋行动"活动

（2）愿当孝行者，喜于践奉献

为进一步弘扬孝德文化，形成浓厚的孝廉文化氛围，学校教育和引导学生树立孝廉观和正确的世界观、人生观、价值观，使学生在潜移默化中受到教育，全面提高学生的道德素质和文明程度，从而达到人人孝敬父母，以孝兴家，以廉兴家的新风尚。学生从孝廉活动中感悟到了奉献精神。

备孝礼，一年级的孩子们为爸爸妈妈各准备一份自己亲手制作的礼物，

当父母收到孩子们暖心的关怀,心中的感动溢于言表。

图 6.8 为妈妈做贺卡

换角色,利用周末,孩子当一天家长。小家长们也体会到了家长的艰辛与不易,更加心疼自己的爸爸妈妈(如图 6.8)。

做美容,给爸爸妈妈做一次美容。同学们有的给爸爸梳梳头、放松按摩,有的给妈妈洗洗脸,敷个面膜,还有的给妈妈化起了妆……同学们如此认真、近距离地去观察自己的爸爸妈妈,观察到了他们身上岁月留下的痕迹,更加体会到他们的辛劳(如图 6.9 和图 6.10)。

图 6.9 为妈妈做水果餐

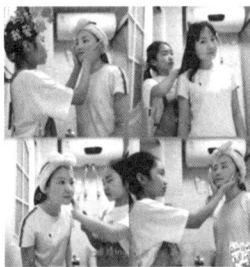

图 6.10 为妈妈洗脸美容

2.榜样教师,扎根岗位育人才

教育是一项需要奉献的事业,教师比任何职业都更需要奉献精神与崇高的育人理想。我校在短短七年的办学年间,扩建了四个校区,办学规模之大,办学品质之优,获得了家长、社会的一致好评,靠的就是全体丁蕙教师倾情付出、不求回报的奉献精神。丁蕙实验小学全体教师都热爱本职工作,爱护学生,勤勤恳恳付出,无怨无悔。

(1)领导带头,树立榜样典型

一个典型就是一面旗帜,一个模范就是一座丰碑。在丁蕙实验小学,有一支办实事、办好事、解难事,时时刻刻想着老师和学生的领导班子。领导班子成员都深入贯彻和落实以人为本的管理理念,充分发挥以人为本的制约机制,在政治上、工作上、生活上关心广大教师,为教师

图 6.11 丁蕙实验校区

们排忧解难,尽全力给师生提供良好的发展平台,创设良好的发展条件,保

障师生得到最大最优的发展(如图 6.11)。

"记得我刚来丁蕙实验小学的时候,学校门口还是一块烂泥地,当时连大门都没有,我和吴校长一起站在门口想着丁蕙的未来会是什么样子……"沈校长坐在办公室里回忆道。沈校长是最早一批作为筹建小组成员来到丁蕙实验小学的领导,当时全校老师加起来也不足 10 人,但

图 6.12　丁蕙二小校区

仅仅凭借这些单薄的力量,构建了如今规模庞大的"丁蕙实验小学集团"(如图 6.12)。疫情期间,胡书记为了保校护园,主动提出留岗在校,保障外地返杭教师能顺利返校。就这样,在疫情期间,胡书记舍小家顾大家,在学校整整待了 43 天,只为守护校园安宁。后勤主任葛老师,操心着学校大大小小的事务,时时刻刻心系老师,疫情期间,他主动承担起了返杭教师的接送工作,常常因为接老师回学校,忙碌到深夜才回家。教导处盛老师,由于招生工作量大、任务重,为了让学生能顺利入学,他牺牲自己的假期,在办公室里搭起了帐篷,以校为家。

图 6.13　临风书院校区

图 6.14　白鹤校区

2014 年至今,从 1 个校区发展到 4 个校区,从 5 个班级扩大到 71 个班级,从 11 人壮大到 180 人的团队,教师队伍平均年龄仅 29 岁,风华正茂,志气昂扬(如图 6.13 和图 6.14)。短短七年间,荒凉的校舍华丽转身,懵懂的孩子

图 6.15　校领导筹建新校

快乐成长,团队所获的各级荣誉不胜枚举。丁蕙实验小学的优质教育资源已经辐射国内 24 个省,先后迎来国内外 300 多批次,5000 多人次的参观访问。得到了社会的广泛认可、家长的高度赞赏,靠的就是领导正确的指导方向、踏实肯干的工作作风、切实为师为生的教育情怀和奉献精神(如图 6.15)。

图 6.16　以校为家

（2）教师传承，发扬奉献精神

在领导们身先示范、勇于人先的号召和引领下，丁蕙实验小学教师自觉形成了无私奉献、不求回报的良好氛围。

"好，没问题，这个班级我来接。"面对学校临危授命，孙老师的应允掷地有声。刚休完产假的她，积极承担了这个特殊班级的语文教学和班主任工作。一直以来，有不少同事都尝试着改变这个班、带好这个班，却收效甚微。刚接班时，面对家长的极度不信任和学生的不配合，孙老师受过委屈、掉过眼泪、生过闷气，却从来都没想过放弃。她深知任

图 6.17　护送教师安全返杭

务艰巨，便毅然决然地把尚未满周岁的孩子送回宁波老家。在一群孩子和自己的孩子之间，她选择了让自己的孩子快点独立长大，转身成为 42 个孩子的依靠（如图 6.16）。

余老师下楼梯不小心摔下来，脚踝摔成骨裂，医生建议她休息，尽量不走动。可一旦休息，学生谁来教？教学进度跟不上怎么办？因为心中放不下班级里的孩子，放不下手里的工作，余老师还是下定决心继续带伤工作。

和孙老师、余老师一样的还有吴老师、江老师、蔡老师……许许多多的榜样教师活跃在教育一线：骨干教师倾囊相授、真心真意传授教育教学经验；青年教师认真学习，努力提高；体训老师起早贪黑，日复一日的陪伴和付出没有白费，那闪亮的金牌便是答案（如图 6.17）。

（三）红船领航，践行"奋斗精神"

1. 蕙美少年，努力奋斗争上游

（1）感悟"奋斗精神"，展示红色风采

学校每学期都有计划地组织学生开展红色实践活动，让学生在活动中耳濡目染，学习"红船精神"，展示红色风采。

一是品红色经典，做有志少年。学生可以在诵读中了解党史、军史和国史，从而增强奋斗意识。二是唱响红色歌曲（如图6.18和图6.19）。学校利用课间广播、音乐课播放并教唱革命歌曲，国庆前夕组织革命歌曲比赛。三是寻访红色英雄。学校聘请老英雄为少年军校名誉校长，定期宣讲红色故事，节假日组织学生寻访英模并做记录，让孩子敬仰英雄、崇拜英雄。四是出好红色板报（如图6.20和图6.21）。结合国庆、"一二九"等纪念日，学校组织红色板报和红色手抄报评比，让红船文化深入人心。五是走好红色道路。学校组织学生外出参观红色教育基地并宣誓，开展徒步夜行长征路等活动，让学生体验和感悟红色激情。

图 6.18　唱响红色歌曲

图 6.19　红色经典吟诗会

图 6.20　红色手抄报

图 6.21　红船文化黑板报

（2）践行奋斗精神，培养劳动能手

学生在"童心蕙园"农耕基地里通过耕种，获得了农耕知识，感知"成长"是要经历风风雨雨的，"收获"需要付出艰辛的劳动；懂得生活，感悟生命；懂得珍惜劳动成果，珍惜现在的幸福生活。这正是丁蕙打造"生长课程"的目的所在。同时学校还利用这座"童心蕙园"开设相关课程，让学生在课堂上劳动，践行奋斗精神，培养劳动能手（如图6.22和图6.23）。

图 6.22　学生动手除草

图 6.23　学生锄地劳作

（3）践行奋斗精神，谱写体育华章

结合区委区政府关于加快我区教育现代化的战略部署和"美好教育"的各项具体任务，落实区教育局更高站位推进教育品质提升，我校以"三生教育"为落脚点，推进学生综合素养全面发展，落实区教育局"关于提升中小学体育工作、提高学生体质健康水平的十条意见"，进一步促进我校体育、艺术、科技教育工作水平与内涵提升，为学校五年发展规划稳步前进奠定坚实基础。

在"红船精神"的引领下，学校教练员夜以继日带生训练，学生们挥汗如雨奋力拼搏，我校虽为新校，但在体育事业上已取得一定成效。

2019 年是我校参加区运动会的第二年，从第一年的名不见经传到第二年的全体总分第二名、场地分数第一名的好成绩（如图 6.24 和 6.25）。

图 6.24　运动会跑步比赛　　　　图 6.25　跳组梦之队

2020 年 11 月，丁蕙健儿在区第 45 届田径运动会再创佳绩！他们不仅拿下团体总分第二名的傲人成绩，跳组梦之队更是几乎包揽所有组别冠亚军。

2. 先锋教师，爱岗敬业争佳绩

习近平总书记在 2018 年春节团拜会上的讲话中指出："幸福都是奋斗出来的。"对于新时代的广大教师来说，奋斗就是要严格要求自己，树立崇高的理想和信念；就是要有高尚的道德情操，以德施教，以德立身；就是要有渊博扎实的学识修养，顺应时代发展，刻苦钻研，不断提升；就是要恪尽职守工作作风，兢兢业业，脚踏实地。

（1）认真学习，提升教师个人素养

"民生在勤，勤则不匮"，幸福不会从天降，美好生活靠劳动创造。教育事业也是如此，没有教师辛勤的付出，就没有孩子成长的收获。在丁蕙实验小学的校园，最常见的一幕就是老师自觉主动地牺牲自己下班后的时间，为有需要的孩子进行个性化辅导，或是针对学业进行答疑解惑，或是根据需要进行心理辅导。在解决完所有孩子的困惑后，老师才能静下心来，用自己的时间进行充电或放松。一来二去，老师们通常都是摸黑下班。然而，这也阻挡不了教师自我学习、自我进步和自我发展的脚步与热情，丁蕙教师始终保持着对工作高度的热情,对教育事业的热忱(如图6.26和图6.27)。

图 6.26 教师课后辅导

图 6.27 灯火通明的教室

在提升教师个人专业素养的发展之路上,教师们也展示出了"十八般武艺"。三年内新教师,通过研训,最终实现"七个一"的能力目标:一手好字、一堂好课、一篇文章、一项技术、一项技能、一次过关、一次检测。三年以上教龄教师,在起到身先示范的引领作用的同时,也要求达成每学期的目标:一项课题立项或者一篇论文获奖;积极参与校本课程开发,献计、献策、献力;积极参与学校的教科研任务,贡献自己的力量;每学期一堂示范公开课。截止到2020年11月,丁蕙实验小学已经培养了省教坛新秀1人,市教坛新秀9人,市优秀教师2人,区名师1人,区骨干教师共24人,区教坛新秀22人。

(2)合作共赢,提高教师团队质量

为了保障教师团队的专业素养,提升教师队伍的整体质量,丁蕙实验小学本着"年轻教师进步大,骨干教师出特色"的思想,坚持重点培养、普遍提高的原则,开展了一系列学研活动,旨在提升教师整体素养。丁蕙实验小学始终保持"干在实处、走在前列"的精神状态,践行"坚定理想、百折不挠"的奋斗精神,激发了广大教师教育的热情和创先争优意识,逐步形成了"千斤重担众人挑,人人肩上有指标"的局面。在丁蕙实验小学,"一人有事,大家帮"是常态:年轻教师要上展示课,骨干教师二话不说帮忙听课指导,共享宝贵经验;刚入职的教师带班没有经验,同年级的教师倾囊相授,分享班级管理小妙招;教学质量上不去,分管校长帮助分析,亲自示范上课(如图6.28和图6.29)。

图 6.28 教师展示课

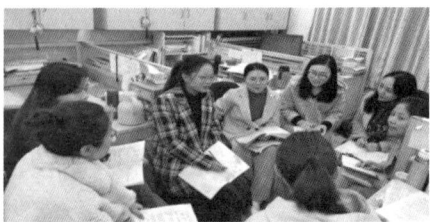
图 6.29 教师集体教研

通过有计划、有落实的教科研活动，通过专家引领、校内培训、同伴互助、教师自我提高等方式，促进了教师业务能力的提高，让每一名智慧教师都得到了一定的发展，也促进了教师队伍的可持续发展。

在全校师生的通力合作与努力下，学校自 2014 年办学至今，已经获得100 余项荣誉，其中包含国家级荣誉 18 项，省级荣誉 17 项，市级荣誉 18 项。学校被评为全国生态文明示范校、全国骨干教师培训单位、全国青少年人工智能活动特色单位、浙江省义务教育标准化学校、浙江省首批 TDS 示范校、杭州市智慧教育示范校。当然，丁蕙实验小学的未来远不止于此，我们将继续深入研究、探索，争取再创佳绩！

二、"红船精神"传承的未来展望

(一)场馆引领：搭建红色场馆群落

丁蕙实验小学在三生场馆的基础上，又新建了"初心学院"红色场馆，打造了一个体系完善的场馆群落。红色场馆宣扬初心精神、长征精神和"红船精神"等党的文化，借助实地场馆，让红色精神的传承成为有本之木、有源之水。

1. 借助场馆，优化教学形式

爱国主义教育对于新时代的小学生来说比较陌生，学生多是通过抽象的书本知识、少量的影视作品、零散的道德与法治课和班队课进行学习，学生只有表层的认识，未能领会其中深刻的教育意蕴，不能达到情感上的共鸣，教育的效果往往不佳。且学生成长的时代环境和生活条件，又让学生很难切实体会到革命年代的艰苦朴素和革命志士的顽强奉献，因此，学生接触的红色文化既缺乏系统性和连续性，也缺乏直观性和体验性。

微型的红船场馆对于远离革命根据地的学生而言，具有一定的实用性。借助仿真的场馆可以收获多重价值：场馆可以激发学生的学习兴趣，促进知识理解与建构，促进综合知识与多维分析能力的获得以及终身学习能力的培养；同时可以增强教师对场馆课程资源的价值认同，提升课程意识和课程开发能力。学科价值方面，可以丰富与完善课程的内涵，优化学校课程整体结构以及促进综合实践活动课程的有效开展；社会价值方面，有助于增强学校与社会的有机联系，深度挖掘场馆资源背后的教育价值。[1]

---

①付积.小学场馆课程开发研究[D].重庆：西南大学,2019.

2.完善场馆，优化进场馆建设

曹温庆提出场馆课程资源具有情境性、体验性、开放性、直观性、实物性等特点[①]；王乐在研究中提出"'展品'即知识"的观点，肯定了场馆资源作为课程活动和内容的价值[②]；王牧华提出了开发利用场馆资源的前提是"认同场馆课程资源的开发价值"和"把握场馆课程资源的本质特点"，并将场馆课程资源分为"实物资源、环境资源、图文资源、人力资源、信息技术资源等类型"。[③]

一座场馆建成之后，并不代表它一锤定音，无法更改，相反，它应该与时俱进，不断充实。尤其是学校的场馆，它担负着育人的功能，所以应与教育的需求紧密呼应。一座一成不变的场馆只是固定的知识，而一座常开常新的场馆，才是一个放大的教具，一个丰富的学习场，一个可以促进学生创新和成长的优质平台。

红领巾初心院校，由"一墙""一廊""一坊""一室""一院"的物理空间和"一群""一号""一台""一站""一学"的网络空间构成。"红领巾初心院校"是2018年12月，在区教育局的指导下建设完成的项目，发挥着党员开会、党员思想建设、接待全国党员共同学习等功能，是一个集学习和参观为一体的多功能场馆；"红色基地"是学生浸润式学习和体验红色文化的基地，学生在见证党诞生、重走长征路等历史场景中，拉近与历史的距离，在体验中完成爱国主义的教育；"红色长廊""主题红墙"沿袭学校的空间文化建设，合理充分利用学校的每一处廊、每一面墙，让学生在耳濡目染中受到教育；"红心队室"同时发挥着大队部建设和红色文化传承的双重功能。

在完善场馆建设的道路上，要对场馆进行合理布局，如让学生在"重走长征路"的过程中依次重温飞夺泸定桥、过草地、爬雪山等重大的革命事件，既加深了学生对长征历史的认识，也加深了学生对红军战士历经千辛万苦获得革命胜利的认同；而有限的学校空间并不能全部复现长征的所有大小事件，因此在布局上要尽量舍小取大，并且要加大各革命事件的联系性；同时也不能一成不变，要争取增强布局的可变性和更新性，这样学生才能常学常新；也可增加仿真文物陈列，遵循学生学习的直观性原则，重视实物的重要性，因此在场馆中放置一些仿真的革命文物，学生能在亲眼所见中完成革命教育；同时也要借助智慧手段，加大场馆的体验性和互动性。

---

① 曹温庆.博物馆科学课程资源开发利用研究[D].北京:首都师范大学,2017.
② 王乐.馆校合作——基于中英比较的视角[D].武汉:华中师范大学,2015.
③ 王牧华,付积.论基于场馆合作的场馆课程资源开发策略[J].全球教育展望,2018,47(04):42—53.

3.联动场馆,构建场馆群落

丁蕙实验小学发挥"生命·生态·生长"三生理念的引领作用,打造了独具特色的三生主题场馆,这是丁蕙实验小学场馆最大的特色。单个独立场馆的功能的确有限,场馆群落却能发挥更大的教育价值。

生命体验馆是一辆生命旅程的列车,分为自然灾害体验站、红十字急救站和爱心驿站三个站点。自然灾害体验站里有台风体验、地震体验、防电体验、火灾逃生体验等项目,让学生通过体验这些自然灾害,学会逃生技能,更加珍爱生命和敬畏生命。红十字急救站提供了一些紧急急救设施,同时也教会师生一些基本的急救方法,让师生免于意外。爱心驿站关爱学生的心理健康,通过联通高级资源教室和对接特殊教育基地,为学生的心理健康铸造一道坚实的防护墙。

智慧生态馆以"一馆一世界——追回失落的完美生态"为建设理念,以构建新型生态环境、生态校园、生态课程、生态教学等为切入点,再现了生命的起源和进化。智慧生态馆集生态教育、科技体验、学生活动为一体,呈现了各种绮丽的地球生态环境和各种奇幻的科技奥秘,包含森林寻踪、地底探秘、湿地沐雨、平沙落日、田园踏青五大体验区。

情意生长馆由科技馆和艺术馆组成,旨在放飞学生的想象力,激发学生的创造力,让学生能够多元个性地发展。科技馆里是一片广袤的星空,呈现了各种星体和星座,重点介绍了八大行星,可以激发学生对于知识的向往,开拓了视野;艺术馆打造了美轮美奂的艺术殿堂,展示着师生和家长的作品,还设立王蒙艺术研究会,通过与大师对话,提高艺术素养,提高艺术创造。

红领巾初心学院是一个呈现中国共产党历史的"沉浸式"党史馆。三楼的入口作为整个红船文化博物馆的入口,被设计成一艘红船。该馆紧密围绕"红船精神"的主题,选择6个历史场景来布展,建设了一个实景与虚拟相结合的红色教育阵地,创设以体验为中心的活动平台,开展"智慧联动"的红色体验,使红色文化在此通过感官体验得到深化,促进了"红船精神"的育人价值,锻造学校特色品牌,也成为面向学校师生、辐射外界的红色教育基地。

所有场馆既可作为学校的科普实践基地,开展综合实践活动、雏鹰假日小队活动及社团活动,也已成为杭州市的第二课堂实践基地。

生命体验馆聚焦生命教育和心理健康教育,生态馆聚焦生态教育,包括自然环境、科学实验,情意生长馆聚焦艺术教育,红领巾初心学院则聚焦爱国主义教育。几大场馆功能各有分工,把这些场馆联系起来,发挥"1+1>2"的功能,打造一个既各有特色,又融为一体,既能发挥学科融合,又能促进

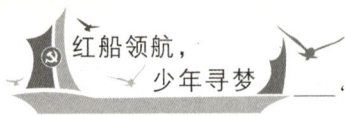

学生创新思维的场馆群落。学校现已开发了"畅游场馆""第二课堂基地"等活动项目。

学校不仅在空间上强调多个场馆的有机配合，并要努力探索适合小学生不同阶段的博物馆学习模式：对低段学生采用教师主导、学生游戏感受的学习方式；对中段学生采用教师引导，学生参与、体验的学习方式；对小学高段采用教师辅导为辅，学生探究、感悟为主的学习方式，能够充分发挥学生主观能动性，使课程实施取得较好的效果。

4.对接场馆，增强校外联系

学习型社会呼吁学校教育做出相应变革，从封闭走向开放，实现社会教育、学校教育和家庭教育三位一体的无边界教育，为学习者提供更加广阔的学习时空；要求学习内容贴近学生真实生活，关注社区和社会的现实问题；注重学生问题解决能力、批判性思维以及创新能力等综合能力与素养的培养，以应对复杂多变的未来社会的挑战。因此，在终身学习观和构建学习型社会浪潮的推动下，学校不再是学生学习的唯一中心，而将成为开放学习的中心。开放学习将打破传统学校的学科、师生、家校、社区联动的多重壁垒，向开放化、民主化和一体化的方向发展。①

丁蕙实验小学建设场馆的初心除了服务本校师生，同时还期待着赋予学校场馆更大的作用。因此学校三生场馆从一开始就面向整个社会，热情欢迎四方的师生来校共同学习和体验。学校自建馆以来，已经接待了来自全国几十个省市的上万人的访问，也承担着寒暑假区第二课堂的功能，迎接来自全市师生的游览。开放的模式，既打开了场馆的知名度，扩大了场馆的服务范围，同时也吸纳了各方对于场馆的宝贵建议，助益了学校场馆的继续建设。

红领巾初心学院的建设沿袭了学校三生场馆的开放模式，也欢迎全国的党员来校学习参观。而为了增强学校初心学院的生命力和活力，增加学校爱国主义教育的厚度和广度，学校积极与杭州市以及市外的各个革命场馆、革命根据地取得联系，争取让学校的爱国主义教育、党史文化教育等红色教育以学校的初心场馆为起点，走得更远，走得更实。如将省内红色根据地作为学生的春秋游的目的地，寒暑假走访杭州长河革命历史纪念馆、杭州党史馆、侵浙日军投降仪式旧址、毛主席视察小营红巷纪念馆、浙江革命烈士纪念馆、杭州市革命烈士纪念馆、中国共产党浙江省第一个地方组织诞生地，并把嘉兴南湖、浙东四明山抗日根据地、湖州长兴新四军苏浙军区旧址等革命文化地设置为学生寒暑假的游学地和研学地。

①郭桂周.非正式科学课程开发的理论与实践研究[D].长春：东北师范大学,2014.

(二)智慧加持:浸润红色精神

丁蕙实验小学是一所知名的智慧化学校,先后获得了"全国智慧校园示范校""浙江省智慧教育示范校""杭州市智慧教育示范校"等多项荣誉,已被社会公认为智慧教育的先锋学校,为智慧校园的进一步发展打下了坚实的基础。学校红船课程的建设和"红船精神"的传承应搭上"智慧化"这趟列车,这样既能提高课程建设的速度,又能开拓红船传承的路径。因此走智慧化路线是"红船精神"校本化的有效实践。

1.多媒交互,智慧体验红色历程

小学生的直观思维特点决定了他们较难直接理解过于抽象的理念信念、文化精神,因此教育形式的选择至关重要,而智慧化手段可以实现可视化、直观化。德育必须重视主体的积极活动,依靠主体自身的体验促进教育目标的实现。纵观目前小学阶段,灌输式教育依然是爱国主义教育的主要方式,例如在主题班会上,教师全程讲授;将老红军、老共产党员请到学校进行宣讲,学生排排坐倾听;利用主题活动、重大节日与国旗合影、写感受,这种完全由教育者主导的"学习场"使学生嘴上头头是道,但内心不以为然,未能将思想上的认识有效地转为实际行动,德育实效性不强。

因此,应将思政小课堂与社会大课堂、理论教学与实践教学结合起来,创造条件让学生切身体验,实现知、情、意、行有机统一,培养担当民族复兴大任的时代新人,培养德智体美劳全面发展的社会主义建设者和接班人。

"红领巾初心学院"是学校红船德育内涵的集中体现,借助智慧技术夯实德育载体,传承红色基因,是一个可供学生游戏体验、实践探究的学习型平台。它以"红船精神"中的"首创""奋斗""奉献"为指引,以红船文化学习院、红船创客探究院、红船研学实践院为载体,通过感悟、体验、实践系列活动,让学生在参观体验中了解"红船精神",以期在学生幼小的心灵留下红色印记,根植"红船精神",引导学生热爱和拥护中国共产党,做红船好少年。

与展品的交互是指场馆中各种动植物、文物、模拟展品、科技模型等,为学生提供了直接观察、动手操作和亲身体验的机会,展览中的动手操作活动、模拟游戏、体验活动等与展品的互动活动,也增强了活动体验性和参与性,有助于学生获得直接经验和体验,建构和更新自身的知识体系,促进身心全面发展。最后,与环境的交互主要表现在,知识具有情境性,是一种个体与环境互动的产物。知识根植于情境脉络之中,只有参与富有真实生活情境的活动,学习者才能真正掌握知识,进而运用到相应的社会情境中,而场馆就具备了真实、生动、鲜活的情境,为学生的知识获得提供了真实生活

情境。①

2.联动创生，智慧开发红色课程

学校围绕初心学院，已经开发了"红船领航，少年寻梦"校本课程。本课程借助"智慧联动"这一思路建设一个不断更新与丰富学习内容的体验空间。打造线上与线下相结合、多终端全覆盖的教育平台和读书点，成为具有品牌价值的网络教育点和学习点。以新兴的科学技术、3D体感技术实施浸润式教育，帮助学生切身感受我党艰苦奋斗历程，感受老一辈革命家坚持不懈、敢为人先的勇气与气魄。这既能提高学生的感悟能力，又能促进学生对红色精神的理解与传承。

场馆课程则可以提供一个真实或仿真的学习环境，使学习者从"符号世界"走向"真实世界"。场馆以其丰富的实物、展览、标本、模型、模拟、表演、实验、动手操作的实践性活动，又以现代化的声、光、电、多媒体、计算机网络技术、虚拟现实技术（VR）为观众构造或再现一个个虚实融合的学习情境。场馆环境使参观者产生前所未有的身临其境的奇妙之感，让他们更容易记住参观内容并留下难以磨灭的印象，能够有效调动观众的各种感官，提起他们的学习兴趣，使学习易于接受，从而主动建构知识和生活的联系。建构主义教育理论认为，"知识存在于真实的情境中，学习发生在一系列真实的情境中。真实的环境往往具有丰富的刺激，使观众产生强烈的好奇心和探究欲"。②学习者在真实的、情境性的场馆环境的互动中，在探索和解决各种问题的过程中建构经验，可以发展自己的能力和素养，获得全面的、个性化的发展。③

区别于传统符号化的书本纸质课程，场馆课程的最大特点就是实物性和直观性。场馆课程包含历史、科学、生物、地理、民俗、艺术等各学科各领域的实物资源，利用实物展览、模型、标本、实验、VR/VC现代技术等各种形式呈现知识、原理及运用，让学生能够更容易理解知识。其次，场馆还为参观者提供了游览手册、多媒体、视频、音频等各类视听资源，动手操作的项目、活动、游戏、交互设备等能充分调动观众的积极性，观众可以在视觉、听觉、触觉等多种感官的交互作用下直接进行观察、探究和学习。学生利用这些具有丰富内涵的资源进行学习，对学习的内容和过程容易形成清晰的表象，解决抽象概念学习的困难。

①付积.小学场馆课程开发研究[D].重庆:西南大学,2019.

②伍新春,谢娟,尚修芹,季娇.建构主义视角下的科技场馆学习[J].教育研究与实验,2009,(6):60—64.

③付积.小学场馆课程开发研究[D].重庆:西南大学,2019.

除了运用好场馆,学校还将借助智慧技术,开发红船创客课程,植根创新精神,红船创客课程的活动与平常的课堂活动、主题活动实施有着显著的区别,它具有时空的广阔性,强调创造与探究、体悟与分享。

3.创建智库,智慧共享红色资源

在新一代技术赋能的教育信息技术系统及工具支持下,精准教学、个性化学习和共享合作学习发挥的作用进一步凸显。通过信息技术与教学的深度融合,助推教育质量大幅提升,已成为业界的共识。[①]

在打造红船好少年的过程中,学校将传统的红船德育资源和互联网有机整合,构筑了虚拟和现实相结合、线上和线下相结合的红船德育;同时,依托"新媒体传播",通过丰富内容、创新方式、优化主体、分化客体等新媒体途径提升传播效果。再如,学校优化合作形式,通过与合作单位共同合作,建立网上虚拟博物馆,为本校和他人提供网上咨询服务,就是在现代教学理论指导下,通过构建信息技术赋能的互联、开放、多元交互的智慧教育系统,通过智慧环境、智能计算、智慧服务实现学习资源共享的开放式学习模式。其当前发展的表象特征就是面向互联网教育生态环境的开放发展,带动对学校封闭式学习、单项学习的衍变,是信息技术环境下涵盖教育治理、教学模式创新、学习方式个性化和学生多元发展的系统性变革。

(三)课程整合:推进红船+课程

《教育部关于全面深化课程改革落实立德树人根本任务的意见》中提出,要"统筹各学科,特别是德育、语文、历史、体育、艺术等学科,充分发挥人文学科的独特育人优势,进一步提升数学、科学、技术等课程的育人价值。同时加强学科间的相互配合,发挥综合育人功能,不断提高学生综合运用知识解决实际问题的能力"。

对开放式学校而言,学校可利用的课程资源将扩展到教师与学生可以达到的任何领域,校园中的走廊、图书馆、种植园,社区及社会中的博物馆、图书馆、科技馆、动植物园、风景区等物质资源、人力资源、自然资源等都将纳入学校课程中,构建起无边界的课程资源与课程体系。[②] 丁蕙实验小学努力倡导"无边界教育",因此也试图在"红船精神"的传承中推进"红船精神"与其他课程的融合,努力打造富于时代气息、契合儿童身心发展特点的红船+课程。

1.融合学校特色,传承红色精神

丁蕙实验小学倡导三生教育理念,打造了颇具地域特色和校本特色的

---

①若冬.2020智慧教育创新排行榜[J].互联网周刊(新观察),2020,(7):12.

②付积.小学场馆课程开发研究[D].重庆:西南大学,2019.

三生场馆和红领巾初心学院。学校在推进核心素养的教育实践过程中，将核心素养融入学校学科课程，并努力开发相关新课程或校本课程，合理利用与其匹配的课程资源。

(1)善用红色教育资源，开发红色场馆课程

2001年的《基础教育课程改革纲要(试行)》，在教材开发与管理部分就提出要"充分发挥图书馆、实验室、专用教室及各类教学设施和实践基地的作用；广泛利用校外的图书馆、博物馆、展览馆、科技馆、工厂、农村、部队和科研院所等各种社会资源以及丰富的自然资源"。

场馆课程是强调学科整合的综合性课程。"当今科技发展已经由高度分化走向高度整合，交叉学科不断涌现，各学科之间在理论层次和方法层次上互相渗透与融合，使人类的科学知识形成了一个新的统一知识整体。"①

丁蕙实验小学的红色初心学院配合课堂教学及拓展活动等形式，将场馆资源进行课程化、序列化、结构化编排的课程开发，深入研究基于场馆资源的学校特色课程、拓展课程、综合实践活动课程和研学课程。

红船场馆课程以学生为中心，尤其注重学生的兴趣和需要。因此，在筛选场馆课程资源时，凝聚学校教师、高校专家、家长以及社区等各方力量，对学生的课程需求进行调查和评估，以便确定学生特定的课程需求，选择合适的场馆课程资源。为了让红船的相关活动有序开展，学校组织老师们开发校本红船课本；学校从知情意行四个方面对红色场馆课程进行编排，课程分为"参观＋任务单""引导＋体验""探究＋发现"三种课程模式。低段着重于"知"，即通过游览初心学院，了解红色文化；中段着重于"情意"，即在了解的基础上，产生对革命志士的崇敬和感谢，并助力学生形成正确的价值观；高段着重于"行"，在了解的基础上产生认同和崇敬之情，进而影响自己的行动。如让学生通过志愿服务活动、参与社区活动等方式服务于他人和社会。场馆课程是面向未来的课程，关注学生应对未来挑战的关键素养的培养。未来社会出现了跨界融合的发展趋势，场馆课程打破学科课程独立化、专门化的特点，实现跨学科的课程整合，对培养具有跨学科知识背景和思维的复合人才具有积极意义。

(2)深挖红色精神内涵，创新品德教育模式

丁蕙实验小学将晨谈课作为品德教育的一个重要载体，这是学校全面重视德育，尤其重视品德健康教育的重要体现。丁蕙孝廉晨间谈话核心课程的基础是以每周或每月一主题为基础的横向架构。目前，丁蕙实验小学在系统构建之前就已经将每日晨谈以"主题"的形式系统化、规范化，形成了

---

①李传根.中小学骨干教师跨学科培训的实践与思考[J].无锡教育学院学报,2006,(4):13—16.

每周一主题,每月一系列的晨谈方式。比如第一周"孝廉"主题为"敬老",第二周为"爱幼"等。孝廉晨间谈话核心课程将一周除升旗仪式另外四天分为"感受"两天和"互动式"交流两天的"2+2"模式,进而每周都有不同的主题让学生参与其中,加深感受的印象以及产生强烈的共鸣,产生深度的认知,以加强德育教育的效果。

"孝廉晨谈"是丁蕙实验小学颇具特色的德育项目,并且通过几年的实施,已经有了成熟的实践模式,并且也成为学生熟悉且喜爱的谈话形式。因此,学校在"孝廉"的内容上,单独开辟了一个"红船"单元,让学生听红船故事、讲红船故事、看红船电影、致敬革命志士,除此之外,学生也可以说说与红船有关的革命故事,并且每个班级一致推选的"故事能手"还可以在"国旗下讲话""大课间讲话"时向全校师生展示,增强学生的兴趣和自豪感。"讲好革命故事"借用"孝廉晨谈"的模式,让学生们用喜欢的形式讲革命故事,比老师单独讲、学生被动听的方式更受同学们欢迎。且"红船晨谈"用时短,次数多,在细水长流般的渲染中,"红船精神"将浸润到学生心中。

同时,在班级建设上,各班将红色基因作为精神引领,力求补足学生精神之钙,点燃学生精神之灯。首先,以红色文化把握班级文化建设的正确方向。为了引导学生坚定理想信念,树立正确的"三观",学校应充分发挥红色文化的导向和激励作用,为学生指明方向,为班级文化建设掌舵。其次,以红色文化作为班级文化建设的重要载体。在班级文化建设中依托红色文化载体,开展形式各异、丰富多彩的红色教育教学和文体活动,从而增强学生建设祖国、当家做主的责任感和使命感。最后,以红色文化促进班级文化建设的内涵提升。不同班级的文化要彰显特色、提升内涵,需要依靠红色文化的不断充实和不断升华。学生红色情怀、红色思想、红色信念、红色习惯由内隐而变成外显,也需要依靠红色文化内涵的提升。

(3)赋予红船时代活力,用好体艺科各门课程

丁蕙拼贴是杭州市义务教育精品课程,该课程利用丰富的材料、多样的形式,让儿童在操作过程中会变得更聪明、自信、大胆。相较于传统美术形式,拼贴画更轻技法而重思维,在创作过程中,借助不同的材料,儿童可以大胆地抛开传统美术的表现技法和自然主义的法则,即把自然形态主观化、具体形象意象化、立体结构平面化、杂乱的形象秩序化、复杂的物象单纯化,令作品呈现出一种"似与不似之间"的妙趣。这种趣味的造型不局限于生活中形象的真实感,不求解剖上的科学准确性,学生可以专注于主题和内容的创意、形式上的美感,探索作品多元的可能性,十分符合培养学生的意象思维发展、儿童的趣味和儿童的审美。丁蕙拼贴在学校已经是非常成熟的课程,建构和完善了课程体系和评价模式,在学生中也广受欢迎。

为了发挥优势课程的带动作用，学校将把"红船"文化融入丁蕙拼贴课程中，在课程内容中特意增设一个红船拼贴单元，让学生知红船、贴红船、品红船、展红船、爱红船，让学生在喜闻乐见的课堂和操作中深化对红船的认识，也加深对红船的感情。除此之外，老师还鼓励学生创造与红船相关的绘本和小报。

科学学科方面，老师将"船"有关的科学知识，进行了校本化改编，把"红船"注入课本中，如加入红船的模型、红船行进的阻力等内容，让学生既学了科学知识，同时也让船更加具象，更加富有情感。体育学科方面，每年都会开展与"爱国主义"相关的趣味活动：如教师的趣味运动会项目"赛红船"，学生的"爬草地比赛"都注入了红色因素，其形式深受师生欢迎。

2.创新实践活动，履行红色使命

"红船精神"是中国革命精神之源，红船蕴含着丰富的德育资源。让孩子们从小就留下红色印记，体悟并传承"红船精神"是学校开发红船课程的使命和责任。学校以"红船课程"为指引，结合学生的年龄特点，通过具体生动的课内外学习和活动，引导学生在各种活动中体验、实践，着力培养具有"首创""奋斗""奉献"精神的红色好少年，促进学生全面而个性地发展。

（1）进行仪式礼仪教育，激活红色历史记忆

学校充分围绕红色场馆的资源优势，培养学生与红船文化对话，把参观红领巾初心学院，瞻仰革命红船作为每届学生弘扬"红船精神"，加强爱国、爱党、爱校教育的基本要求。学校德育处紧紧抓住重大节日、纪念日、重大事件发生的时机，开展各项特色活动，来弘扬"红船精神"。这些活动缤纷多彩，如看一次展览，瞻仰一次革命红船，听一次党课，举办一次入队宣誓，观一次专题片，开一次红船班队课，听一次国旗下讲话，当一次初心学院讲解员。[①]

弘扬红船文化是学校开展爱国主义教育和革命传统教育的有效途径。与时俱进地传播红船文化有助于我们了解红色岁月，保留红色记忆，不仅能够为开展爱国主义教育和革命传统教育提供良好的社会环境和生动的历史教材，而且能够在社会上树立正确的舆论导向，增强教育的感染力和说服力，从而激发学生热爱党、热爱民族与国家，坚定"永远跟党走"的信念。

（2）推进主题教育活动，锤炼学生红色品质。[②]

学校借助各种活动，展示红色风采。学校每学期都有计划地组织学生

---

① 邹建良.创新特色教育模式，打造"'红船精神'传承之地"[J].中国高等教育（德育与党建），2020，(22)：38－39.

② 王文彦.让红色种子在青年心中生根[J].贵州日报（理论周刊学术），2020，(8)：11.

开展红色实践活动,让学生在活动中耳濡目染,接受红色教育,展示红色风采。一是举行红色军训。每年学生的十岁成人礼,学校都要举行为期两天的"红船少年军校国防教育夏令营"活动,让学生体验军营生活,增强遵规守纪意识,培养团队合作精神。二是观赏红色电影。学生可以在观影中了解党史、军史和国史,从而增强爱党爱国意识。三是唱响红色歌曲。学校利用课间广播、音乐课播放并教唱革命歌曲,国庆前夕组织革命歌曲比赛。四是寻访红色英雄。学校聘请老英雄为少年军校名誉校长,定期宣讲红色故事,假日组织学生寻访英模并做记录,让孩子敬仰英雄、崇拜英雄。五是出好红色板报。结合国庆、"一二·九"等纪念日,学校组织红色板报和红色手抄报评比,让红船文化深入人心。六是走好红色道路。学校组织学生外出参观红色教育基地,开展徒步夜行长征路等活动,让学生体验和感悟红色激情。七是开展红色评比。学校根据班级常规管理积分,评选"红船精神"先锋班、"红船精神"尖刀班、"红船精神"智慧班;根据学生表现,评选红船少年,并成立红船少年文明岗。把红船文化进一步做大做强,让"红船精神"在更大范围产生激励作用,发挥积极影响。①

(四)文化融通:健全育人体系

"红船精神"的传承是爱国主义教育的集中体现。改革开放四十年来,德育从满足社会需要转向成"人"的需要。立德树人理念指引下的"红船精神"传承首先要引导学生成"人",在此基础上再成为一个"社会主义建设者和接班人"。因此在传承"红船精神"的过程中,必须同时强调"红船精神"的育人目的,关心全面、丰富的"大德育",促进学生道德知识、道德情感、道德意志、道德行为的有机统一。但在现阶段的爱国主义教育实践中,教育者往往将学生视为一个个物化的"机器",贯彻"提倡即为规定""请求即为命令"的做法,未根据受教育者的年龄、性格特征、个性等因素,制订符合时代特征和教育对象的教育目标。因此"红船精神"的传承应契合新时代的特征,应符合学生心理发展特点,应选择学生喜闻乐见的形式,应联合古今优秀的文化全面育人,这样才能最大化地实现育人目标。

1.结合革命历史,点燃爱国精神

中国人民的革命历史,不仅是不能遗忘的历史文化,同时也是激励一代代人砥砺前行的珍贵的精神财富。"红船"文化只是庞大深厚的革命文化的一部分,因此在传承"红船精神"时结合整个革命历史文化,不仅加大了"红船文化"的历史厚度,同时也让红船文化更有生命力。

---

①田作明."红船精神"引领学校文化实践[J].中国教师报(教育家专刊),2021(03):15.

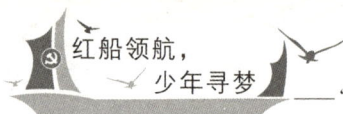

弘扬红色文化，厚植师生红色基因是学校的职责和使命所在。尤其在不断提高德育实效性的新要求下，充分利用红色遗迹、红色精神、红色歌曲资源，发掘其深刻内涵，并将其融入文化建设中，是新时代校园文化建设的一种创意和创新。丁蕙实验小学基于对红色文化的深刻理解和高度认同，在筹建时就确立了弘扬红色文化、建设红色校园的目标，围绕"红船精神"设计学校建筑和主要景观，形成了独特的红船文化，并创新特色教育模式，打造"红船精神"传承之地，激发爱党爱国的热情，丰富学生的精神世界。

学校打造的红领巾初心学院，就以感悟"红船精神"、传承红船文化为核心，把抽象的"红船精神"具体化，以红船环境文化、课程文化、资源整合文化为内容展开活动，落实学生"奋斗""奉献""创新"精神的培养，帮助学生了解党史国情，继承自强不息、艰苦奋斗的革命传统。

2. 结合传统文化，激发奋斗精神

在数千年的历史长河中，中国人民以艰苦奋斗著称于世，艰苦奋斗是中华民族一代代传承的民族精神。百年征程中，我们党团结带领亿万人民经千难历万险，在山河破碎时浴血奋战，在一穷二白时发愤图强，在时代发展时与时俱进，攻克了一个又一个看似不可攻克的难关，创造了一个又一个彪炳史册的人间奇迹，迎来了中华民族从站起来、富起来到强起来的伟大飞跃。奋斗精神是中华民族优秀传统文化的高度升华，也是党的文化的凝练体现。

（1）优化环境文化，浸润奋斗品质

学校创设红领巾初心学院，充分利用校园空间，精心设计，突出红船文化，让每一面墙壁，每一个场所都发挥育人作用，追求立体可见的环境文化，让学生在耳濡目染中接受红船文化的熏陶。再如，学校专门打造了一条红色长廊，供学生学习、研究、实践。利用这些无声的红色语言，让孩子们充分感知"红船精神"中的奋斗因子，为培养学生艰苦奋斗精神、塑造坚毅品格打下基础。

（2）创新课程文化，学习奋斗历史

红船课程自开发以来，通过积累丰富的课程文化资源，创造性地开设了红船电影工坊、红船创意木工坊、红船科普角、红船志愿队等多个研究课程，并开发了若干校外活动基地。红心队室里布置了实物图文认知区、操作实践体验区、交流讨论学习区、探索研究实验区。在辅导员们的组织下，学生利用15分钟的红色晨谈、40分钟的班队课、寒暑假的实践课等长短课，开展多项扎实而有效的研究实践活动。

（3）整合资源文化，落实奋斗行动

红船文化历史悠久，红船课程的开发与实施不仅局限于校内，我们还通过资源整合，开发利用了校外的教育资源，形成校内、校外相结合的红船文化立体教育生态。学生在可听、可视、可感的地域空间中学习自强不息、拼搏奋斗的精神。

3.结合本土化特点，培养奉献精神

孝敬父母是中华民族的传统美德，而廉洁正直也是学生所应具有的一种高尚品质。一个人只有从小就懂得"孝廉"精神，长大后才会成为对国家、社会有用的人才。丁蕙实验小学地处孝子丁兰的故乡，整个丁兰街道都极具"孝文化"气息，可以说"孝文化"源远流长，"廉文化"根深蒂固。除此之外，学校还坐拥皋亭山，许多历史上的文化名人如范仲淹、王蒙，都在此逗留，文化底蕴极其深厚。学校抓住了地域文化的契机，着力打造"孝廉文化"，将"孝廉文化"作为学校德育特色文化。学校将孝廉文化与"红船精神"结合起来，引导学生"在家做一个孝顺的孩子，在外做一个服务社会的少年"，特别重视学生"奉献精神"的养成。

学校以弘扬和传承"红船精神"为核心，通过校内走读、校外研学、志愿者服务等多种形式，帮助学生学习践行"红船精神"中的奉献精神。

（1）开展校内走读，内化奉献品质

历史是最好的教科书，学生走进学校红色长廊，齐聚校长身旁，细细聆听中国共产党的光辉历程，把热爱祖国、热爱人民、热爱中国共产党的情感深深植根心中。通过校内走读，不仅让学生们牢记了党的历史，点燃了一颗颗爱党之心，更重要的是，学校还培养了一批红船少年讲解员，他们为全校的同学讲述党的历史，教育同学们知党、爱党，了解共产党全心全意为人民谋福利的根本宗旨和立党为公、忠诚为民的奉献精神！学校针对学生缺乏奉献精神的现状，组织学生以"奉献"为主题，举行辩论赛，引导学生树立贡献、奋斗精神，还组织学生以班级、年级为单位，举行"爱的奉献"演讲比赛和歌咏比赛，助力学生树立正确的人生价值观。另外，还邀请正能量家长、社区劳动模范等名人来校谈奉献精神。①

（2）促进校外研学，探究奉献历史

研学旅行是德育的有效形式，《中小学德育工作指南》明确要求把研学旅行纳入学校教育教学计划，促进研学旅行与学校课程、德育体验、实践锻

①邹建良.创新特色教育模式，打造"'红船精神'传承之地"[J].中国高等教育（德育与党建），2020,(22):38－39.

炼有机融合，利用好研学实践基地，有针对性地开展多种类型的研学旅行活动。我校依托红领巾初心学院，带领学生们身临其境地感受革命先烈不怕牺牲、坚韧不拔的革命意志；寒暑假进行研学活动，探访南湖革命纪念馆，瞻仰红船，继承和弘扬"红船精神"，在学生心中留下红色印记。研学活动还从杭州向市外、省外进行延伸。如参观学习上海中共一大会址、长兴新四军苏浙军区、绍兴东南抗日前哨、宁波浙东抗日根据地等，激励学生们谨记红船内涵，弘扬"红船精神"，传承红色力量。

（3）加入志愿服务，传承奉献传统

2017年10月30日，教育部发布了《中小学综合实践活动课程指导纲要》，明确将"博物馆参观"与研学旅行、社会调查、志愿服务等一并列为综合实践活动的方式。① 教育家陶行知先生提出了"社会即学校"作为其生活教育理论的指导。学生只有在实际行动中才能真正落实"红船精神"。

学校组织红船研学实践志愿者服务，志愿服务小队有目标、有计划，并定时、定点开展实践活动。学生通过实践获得了宝贵的生活经验。走进校园，你会看到穿着红马甲、披着红绶带、阳光开朗的学生落落大方地给来访嘉宾介绍学校；来到场馆，你会遇见自信飞扬的少年详细生动地介绍学校各个场馆。学校为了督促学生有效参与红船实践活动，把相关的社会实践活动作为评选"蕙美"学生的硬性标准，让学生们从符合自身年龄特点的角度理解"红船精神"，每个人都参与到"红船精神"的实践活动中，真正做到了内化于心，外化于行，学校引领红船少年们始终不忘"红船精神"，争做时代新人！②

①中华人民共和国教育部.基础教育课程改革纲要（试行）[EB/OL]. http://old.moe.gov.cn/publicfiles/business/htmlfiles/ moe/moe_309/200412/4672.html,2001-6-8.
②吴娅姣,董权.打造"红船少科院",培育时代好少年[J].中国德育,2019(9):57-59.

结　语

　　"红船精神"是马克思列宁主义和中国具体实际相结合的产物,它集中体现了中国共产党人为国家的独立、民族的复兴、人民的幸福生活英勇无畏的革命精神以及坚定的共产主义理想信念,同时也是对中华民族精神的传承和发展。历史已证明:"红船精神"所体现的开天辟地、敢为先人的首创精神,坚定理想、百折不挠的奋斗精神,立党为公、忠诚为民的奉献精神没有随着当时具有时代特征的历史任务的完成而成为过去,而是在后来中国革命、建设和改革实践过程中不断地丰富和发展。

　　但是随着社会的大发展、大变革、大转型,特别是随着"00后"的成长,他们已经逐渐发展为时代的"弄潮儿",这些孩子身处和平年代,从未经历过战火纷争的年代,没有亲身体验过革命精神是如何形成的,也就难以理解为何"红船精神"具有独特性、革命性、实践性的科学内涵。

　　为使更多的孩子去认识学习并传承弘扬革命精神,丁蕙实验小学在"生命、生态、生长"三生办学理念下,倡导"以生命为基础,以生态为支撑,以生长为目标"的教育渐进模式。依托"三生馆",打造红船实地场馆。结合学生的年龄特点,通过具体生动的课内外学习和活动,如"忆苦思甜"校本课程,引导学生在看得见、摸得着的课程和活动中体验、感受,着力培养品行端正、基础扎实、自我发展、适应社会的新时代好少年,促进学生全面而个性地发展。

　　"初心学院"是学校红船德育内涵的集中体现,是一个可以供学生游戏体验、实践探究的学习型平台。它以"红船精神"中的"首创""奋斗""奉献"为指引,利用物理空间、文化空间和网络空间作为传承的载体,学校、家庭、社会三位一体共同育人,从而实现全方位、多角度育人。

　　学校构建完善的"红船精神"传承保障机制,立足校园文化和校园制度建设,积极探索"红船精神"校本课程开发,努力形成活动育人、实践育人、合力育人体系。在"红船精神"传承保障机制下,学校在文化育人、管理育人、课程育人、活动育人、实践育人、协同育人方面已初显成效。

　　"沉浸式"红色实地场馆有利于激发学生的兴趣。情景化的体验,培养了学生的组织能力,增强了学生的参与意识,只有让大部分学生参与到活动中来,才能让学生体验到"红船精神";但是由于宣传力度不够,因此还需要社会各界的高度重视,才能更好地促进红船教育课程的完善。

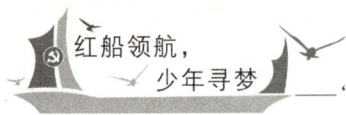

"红船精神"课程整合有利于校本课程的完善。"红船精神"是地方课程的补充，"红船精神"课程提高了学生的自主性、互动性、创新性。课程采用了实地情景再现的方式进行课程的设计，带给学生兴趣感和体验感，在课程当中注重学生使命任务的完成，从而让学生在课堂中也能够全面发展。为了更好地实施红船课程教学，还需要不断地开发出适合学生发展的红船文化课程。

"红船精神"在小学传承的校本实践探索中，我们也发现了一些问题，比如：

师生对"红船精神"的文化资源认识比较片面，教师在运用红船文化资源上缺乏内在驱动力，运用红船文化资源的方式还比较单一，红船文化资源的运用潜力有待挖掘。

如何有效利用学校现有红船文化资源，并将其运用到教育实践中，我们必须要理清思路。

1. 加大宣传，让师生了解"红船精神"，认识红船文化

首先，充分认识红船文化资源的教育价值。要想提高小学生的整体素质水平，不仅要重视小学生各科成绩，更要重视德育。红船文化资源作为德育的重要素材，应该让小学生充分认识并了解。首先应该了解红船文化资源的具体内容，体会其蕴藏的重要教育价值。活动课程应该告诉小学生，红船文化资源具有重要的教育价值，不是高高在上的，而是就在我们日常生活中。

其次，学校方面应多学科、多角度渗透红船知识，充分发挥学校的育人指导作用。学生是学习的主体，任何活动的实施离不开学生的参与，教学活动的设计应该让小学生积极参与其中。学校应该利用好学生的课外活动时间，增大学校红船资源的宣传力度，充分发挥好学校宣传栏的功能。

再次，家庭教育、学校教育、社会教育缺一不可，三者中缺少任何一个都会显得苍白无力，弱化教育功能。只有三种教育紧密结合，相辅相成，才能把教育价值发挥得淋漓尽致。关于红船文化的教育更是渗透到生活的方方面面，因此应把德育工作延伸到生活中去。通过定期举办家长会、家校会议，小分队活动，由家长带领参观景区等形式，同时也可以让家长走进课堂，给小学生讲解有关红船文化资源的知识。校内外活动的相互配合，以及与家长积极沟通，让红船文化资源展现蕴含着的教育价值。

2. 转变运用方式，多种形式运用红船资源

实践活动作为传播红船文化资源的有效途径，能够加快小学生的感悟。学校应该根据小学生的心理特点积极推进社会实践活动。依托实践活动，

立足生活情境,调动小学生利用自身的经验去感受新知。在运用红船文化资源的过程中,教师可以依托实践活动,让小学生亲自参与红船文化的实践活动过程,适时地让学生走出课堂,放眼生活,让教学内容更真实鲜活。实践活动的类型可以是多种多样的。比如,通过游戏、表演、参观等活动有目的、有组织地引导学生"做中学",让小学生通过实际活动感受身边的红船文化,领略红船文化的内涵。

将理论与实际结合,历史与现实结合,用好各学科的丰富资料,再加上杭州本地的资源,发挥美育的作用与功能,做到以美益智,以美辅德。例如,可以在学校内开展《了解红船故事》《红船影视作品赏析》《弘扬"红船精神"》等选修课,以选修课的形式弥补小学生在运用资源时呈现的不足,同时可以使红船文化资源的受众范围更广。

回归教育的本真,我们应该清醒地认识到教育是慢的艺术,学校教育应该站在学生的立场,给予学生尊重、润泽和成全。在打造红船教育基地、培育时代好少年的过程中,我们将传统的红船德育资源与互联网有机整合,构筑了虚拟和现实相结合、线上和线下相结合的红船德育。学生们从符合自身年龄特点的角度理解了"红船精神",每个人都参与到了"红船精神"的实践活动中,真正做到了内化于心,外化于行。学校红船少年们始终不忘"红船精神",争做时代新人!

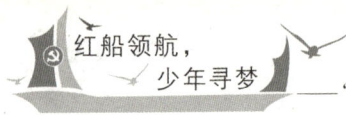

参考文献

[1]习近平.弘扬"红船精神"走在时代前列[N].光明日报,2005—06—21.

[2]习近平在瞻仰中共一大会址时强调铭记党的奋斗历程时刻不忘初心担当党的使命矢志永远奋斗[N].人民日报,2017—11—01(001)

[3]王祖强.论"红船精神"与中华民族伟大复兴的内在联系[J].嘉兴学院学报,2013,25(04):17—21.

[4]李黎霞."红船精神"研究[D].浙江农林大学,2014.

[5]白龙.以首创精神走好新征程——让"红船精神"绽放时代光芒[N].人民日报,2017—12—06.

[6]韩晓青.开天辟地、敢为人先的首创精神[N].光明日报,2018—05—07.

[7]"中共中央国务院印发新时代爱国主义教育实施纲要"[N].人民日报,2019—11—13(6).

[8]习近平.大力弘扬伟大爱国主义精神为实现中国梦提供精神支柱[N].人民日报,2015—12—31(1).

[9]胡锦涛.坚定不移沿着中国特色社会主义道路前进为全面建成小康社会而奋斗[R].北京:人民出版社,2012:31—32.

[10]中共中央国务院关于深化教育改革全面推进素质教育的决定[N].中共中央办公厅,中发[1999]9号,1999,6.

[11]魏贤超,王小飞.价值教育散论[M].武汉:武汉大学出版社,2017:29,147.

[12]汉娜·阿伦特.人的境况[M].上海:上海人民出版社,2017:140.

[13]来自(美)弗雷德里克斯著.提高学生学习专注力的8个方法打造深度学习课堂[M],(出版社信息)2015:122.

[14]曹建锋."红船"领航铸潮魂"三课"培育弄潮儿[J].中国职业技术教育,2019(19):35—37.

[15]徐晓良."红船精神"进校园的思考与实践[J].教育家,2019(29).

[16]徐静,刘嵘.思政教育视域下高校"红色基因"传承路径探究[J].淮南职业技术学院学报,2019(5):21—22.

[17]徐海莹."红船精神"德育价值践行与弘扬路径研究[J].中小学德育,2020,(1):44.

[18]关于全面深化课程改革落实立德树人根本任务的意见(节选)[J].教育

科学论坛,2017(20):3—5.

[19]柳夕浪.建构完整体系解决突出问题——中共中央国务院关于全面加强新时代大中小学劳动教育的意见解读[J].中国德育,2020(07):7—10.

[20]黄文秀.红船精神的育人价值[J].中国高等教育,2018(5):35.

[21]任娟.发展性学业评价之多元评价主体的研究[D].西南大学硕士学位论文,2012.

[22]周文叶,陈铭洲.指向核心素养的表现性评价[J].课程.教材.法,2017,37(09):36—43.

[23]项纯.中小学生自我评价能力的现状、问题与对策[J].教育科学研究,2018,11:61.

[24]付积.小学场馆课程开发研究[D].重庆:西南大学,2019.

[25]郭桂周.非正式科学课程开发的理论与实践研究[D].长春:东北师范大学,2014.

[26]伍新春,谢娟,尚修芹,季娇.建构主义视角下的科技场馆学习[J].教育研究与实验,2009,(6):60—64.

[27]若冬.2020智慧教育创新排行榜[J].互联网周刊(新观察),2020(7):12.

[28]中华人民共和国教育部.基础教育课程改革纲要(试行)[EB/OL].http://old.moe.gov.cn/publicfiles/business/htmlfiles/moe/moe_309/200412/4672.html,2001—6—8.

[29]李传根.中小学骨干教师跨学科培训的实践与思考[J].无锡教育学院学报,2006(4):13—16.

[30]邹建良.创新特色教育模式,打造"'红船精神'传承之地"[J].中国高等教育(德育与党建),2020(22):38—39.

[31]王文彦.让红色种子在青年心中生根[J].贵州日报(理论周刊学术),2020(8):11.

[32]田作明."红船精神"引领学校文化实践[J].中国教师报(教育家专刊),2021(03):15.

[33]吴娅姣,董权.打造"红船少科院",培育时代好少年[J].中国德育,2019(9):57—59.

后　记

　　《红船领航，少年寻梦——"红船精神"在小学传承的校本实践探索》一书从筹备、撰写至今，已逾一年有余。

　　本书不仅是诸位编委思维碰撞下的编撰成果，更重要的是汇聚着浙江师范大学附属丁蕙实验小学建校以来始终践行的"红船精神"与爱国主义红色历史传承的研究和实践成果。

　　风雨苍黄百年路，高歌奋进新征程。"红船精神"形成和发展的历史，是一部生动的马克思主义与中国革命相结合的伟大实践史，是中国共产党发展壮大过程中的宝贵精神财富，也是新时代促进青少年健康成长、成才的重要教育资源。

　　浙江师范大学附属丁蕙实验小学有效整合了"红船精神"的教育资源，深入挖掘"红船精神"的时代价值，以切合小学生的课程设计与实施，探寻提高"首创、奋斗、奉献"素养的有效方法，系统、序列化建构"红船文化"课程体系，细化具体目标及内容，发展体验，发展小学生勇于奋斗、敢于创新、乐于奉献的"红船精神"，让丁蕙学子系好人生第一粒扣子，走好人生道路。

　　对于"红船精神"校本实践的探索，我们始终思考，始终践行。我们是理想主义者，期盼以教育的力量，发展学生的红色基因，给前行者一份力量和喝彩，并让自己成为前行的人；我们又是踏实的实干派，根据学生核心素养、爱国主义教育方针、我校办学理念、一训三风内涵、德育特色等文化指向，建构基于"红船精神"的传承新内涵；我们整合多方资源，凝练"首创、奋斗、奉献"三维交融的爱国主义教育内容，发展小学生勇于奋斗，敢于创新，乐于奉献的"红船精神"；我们多维度加强红色教育资源开发，深度挖掘传统地域文化，推进"红船精神"进读本、进课堂、进校园，形成特色较为鲜明的红船文化校本课程体系，并探寻系统有序的课程实施策略；我们建构三维支持系统，集学校资源、家长资源与社会资源共同支持"红船精神"实践传承；我们关注课程实施中的星级评价体系设计，注重参与主体、评价体系、结果呈现和发展趋向的多元性，注重从数据中挖掘学生未来发展的潜能和倾向，关注每一位学生"红船精神"的传承素养。

　　在不断的探索与实践之下，我们欣喜地看到丁蕙学子的成长、教师的转变、学校的提升。然而要让一座桥梁完美落成，不仅需要人力物力，更需要时间的沉淀和实践的考验，在丁蕙小学未来无数个砥砺前行的日子里，我们

共同期待质的突破，让"红船精神"成为丁蕙学子一脉相承又与时俱进的品质，让"红船精神"融入丁蕙师生的血脉，化为基因，争做新时代的坚定者、奋进者、搏击者，让"红船精神"永放光芒。

在此，特别感谢浙江师范大学教育学院校长周跃良教授，浙江师范大学教育学院李云星教授、夏洪文教授，浙江大学廖亦宏教授，对本书的多次专业指正；感谢原江干区教育局徐晖局长、沈琳副局长，区教育研究院德育教研员全晓兰老师的指导与帮助；感谢嘉兴学院师范学院院长丁连生教授，副院长王明建教授，副书记毕洪东老师不遗余力地点拨与鼓励。

同时感谢各位编者，各位的思维碰撞、文思泉涌、妙笔生花创造了当前《红船领航，少年寻梦——"红船精神"在小学传承的校本实践探索》一书的成就。我们也真诚地向广大读者收集您所发现的错误信息或需要反馈的修改意见，以帮助本书进行完善和再出版。